农民法律知识学习读本

本书编写组　编

新　华　出　版　社

图书在版编目（CIP）数据

农民法律知识学习读本/《农民法律知识学习读本》编写组编
北京：新华出版社，2016.4
ISBN 978－7－5166－2481－4
Ⅰ.①农… Ⅱ.①农… Ⅲ.①法律—基本知识—中国 Ⅳ.①D920.5
中国版本图书馆CIP数据核字（2016）第079989号

农民法律知识学习读本

编　　者：《农民法律知识学习读本》编写组

责任编辑：王　婷　　**封面设计：**臻美书装
责任印制：廖成华　　**责任校对：**刘保利

出版发行：新华出版社
地　　址：北京石景山区京原路8号　　**邮　　编：**100040
网　　址：http：//www.xinhuapub.com　http：//press.xinhuanet.com
经　　销：新华书店
购书热线：010－63077122　　**中国新闻书店购书热线：**010－63072012

照　　排：彩丰文化
印　　刷：北京文林印务有限公司
成品尺寸：170mm×240mm
印　　张：12.25　　**字　　数：**110千字
版　　次：2016年6月第一版　　**印　　次：**2016年6月第一次印刷
书　　号：ISBN 978－7－5166－2481－4
定　　价：22.00元

目　录

第二部分　遵法律，守法规，远离违法警戒线

第三部分　日常生活无小事，了解规则用处大

第四部分　出门在外不容易，权益受害找法律

中央宣传部、司法部关于在公民中开展法治宣传教育的第七个五年规划（2016－2020 年）

新华社北京 4 月 17 日电 近日，中共中央、国务院转发了《中央宣传部、司法部关于在公民中开展法治宣传教育的第七个五年规划（2016－2020 年）》（以下简称“七五”普法规划），并发出通知，要求各地区各部门结合实际认真贯彻执行。

通知指出，全民普法和守法是依法治国的长期基础性工作。深入开展法治宣传教育，是贯彻落实党的十八大和十八届三中、四中、五中全会精神的重要任务，是实施“十三五”规划、全面建成小康社会的重要保障。

通知要求，各级党委和政府要把法治宣传教育纳入当地经济社会发展规划，进一步健全完善党委领导、人大监督、政府实施的法治宣传教育工作领导体制，确保“七五”普法规划各项目标任务落到实处。要坚持把领导干部带头学法、模范守法作为树立法治意识的关键，完善国家工作人员学法用法制度，把法治观念强不强、法治素养好不好作为衡量干部德才的重要标准，把能不能遵守法律、依法办事作为考察干部的重要内容，切实提高领导干部运用法治思维和法治方式深化改革、推动发展、化解矛盾、维护稳定的能力。坚持从青少年抓起，把法治教育纳入国民教育体系，引导青少年从小掌握法律知识、树立法治意识、养成守法习惯。要坚持法治宣传教育与法治实践相结合，深化基层组织和部门、行业依法治理，深化法治城市、法治县（市、区）等法治创建活动，全面提高全社会法治化治理水平。要推进法治教育与道德教育相结合，促进实现法律和道德相辅相成、法治和德治相得益彰。要健全普法宣传教育机制，实行国家机关“谁执法谁普法”的普法责任制，健全媒体公益普法制度，推进法治宣传教育工作创新，不断增强法治宣传教育的实效。要通过深入开展法治宣传教育，传播法律知识，弘扬法治精神，建设法治文化，充分发挥法治宣传教育在全面依法治国中的基础作用，推动全社会树立法治意识，为顺利实施“十三五”规划、全面建成小康社会营造良好的法治环境。

《中央宣传部、司法部关于在公民中开展法治宣传教育的第七个五年规划（2016—2020 年）》全文如下。

在党中央、国务院正确领导下，全国第六个五年法制宣传教育规划（2011—2015 年）顺利实施完成，法治宣传教育工作取得显著成效。以宪法为核心的中国特色社会主义法律体系得到深入宣传，法治宣传教育主题活动广泛开展，多层次多领域依法治理不断深化，法治创建活动全面推进，全社会法治观念明显增强，社会治理法治化水平明显提高，法治宣传教育在建设社会主义法治国家中发挥了重要作用。

党的十八大以来，以习近平同志为总书记的党中央对全面依法治国作出了重要部署，对法治宣传教育提出了新的更高要求，明确了法治宣传教育的基本定位、重大任务和重要措施。十八届三中全会要求“健全社会普法教育机制”；十八届四中全会要求“坚持把全民普法和守法作为依法治国的长期基础性工作，深入开展法治宣传教育”；十八届五中全会要求“弘扬社会主义法治精神，增强全社会特别是公职人员尊法学法守法用法观念，在全社会形成良好法治氛围和法治习惯”。习近平总书记多次强调

“领导干部要做尊法学法守法用法的模范”，要求法治宣传教育“要创新宣传形式，注重宣传实效”，为法治宣传教育工作指明了方向，提供了基本遵循。与新形势新任务的要求相比，有的地方和部门对法治宣传教育重要性的认识还不到位，普法宣传教育机制还不够健全，实效性有待进一步增强。深入开展法治宣传教育，增强全民法治观念，对于服务协调推进“四个全面”战略布局和“十三五”时期经济社会发展，具有十分重要的意义。为做好第七个五年法治宣传教育工作，制定本规划。

一、指导思想、主要目标和工作原则

第七个五年法治宣传教育工作的指导思想是：高举中国特色社会主义伟大旗帜，全面贯彻党的十八大和十八届三中、四中、五中全会精神，以马克思列宁主义、毛泽东思想、邓小平理论、“三个代表”重要思想、科学发展观为指导，深入贯彻习近平总书记系列重要讲话精神，坚持“四个全面”战略布局，坚持创新、协调、绿色、开放、共享的发展理念，按照全面依法治国新要求，深入开展法治宣传教育，扎实推进依法治理和法治创建，弘扬社会主义法治精神，建设社会主义法治文化，推进法治宣传教育与法治实践相结合，健全普法宣传教育机制，推动工作创新，充分发挥法治宣传教育在全面依法治国中的基础作用，推动全社会树立法治意识，为“十三五”时期经济社会发展营造良好法治环境，为实现“两个一百年”奋斗目标和中华民族伟大复兴的中国梦作出新的贡献。

第七个五年法治宣传教育工作的主要目标是：普法宣传教育机制进一步健全，法治宣传教育实效性进一步增强，依法治理进一步深化，全民法治观念和全体党员党章党规意识明显增强，全社会厉行法治的积极性和主动性明显提高，形成守法光荣、违法可耻的社会氛围。

第七个五年法治宣传教育工作应遵循以下原则：

——坚持围绕中心，服务大局。围绕党和国家中心工作开展法治宣传教育，更好地服务协调推进“四个全面”战略布局，为全面实施国民经济和社会发展“十三五”规划营造良好法治环境。

——坚持依靠群众，服务群众。以满足群众不断增长的法治需求为出发点和落脚点，以群众喜闻乐见、易于接受的方式开展法治宣传教育，增强全社会尊法学法守法用法意识，使国家法律和党内法规为党员群众所掌握、所遵守、所运用。

——坚持学用结合，普治并举。坚持法治宣传教育与依法治理有机结合，把法治宣传教育融入立法、执法、司法、法律服务和党内法规建设活动中，引导党员群众在法治实践中自觉学习、运用国家法律和党内法规，提升法治素养。

——坚持分类指导，突出重点。根据不同地区、部门、行业及不同对象的实际和特点，分类实施法治宣传教育。突出抓好重点对象，带动和促进全民普法。

——坚持创新发展，注重实效。总结经验，把握规律，推动法治宣传教育工作理念、机制、载体和方式方法创新，不断提高法治宣传教育的针对性和实效性，力戒形式主义。

二、 主要任务

（一）深入学习宣传习近平总书记关于全面依法治国的重要论述。党的十八大以来，习近平总书记站在坚持和发展中国特色社会主义全局的高度，对全面依法治国作了重要论述，提出了一系列新思想、新观点、新论断、新要求，深刻回答了建设社会主义法治国家的重大理论和实践问题，为全面依法治国提供了科学理论指导和行动指南。要深入学习宣传习近平总书记关于全面依法治国的重要论述，增强走中国特色社会主义道路的自觉性和坚定性，增强全社会厉行法治的积极性和主动性。深入学习宣传以习近平同志为总书记的党中央关于全面依法治国的重要部署，宣传科学立法、严格执法、公正司法、全民守法和党内法规建设的生动实践，使全社会了解和掌握全面依法治国的重大意义和总体要求，更好地发挥法治的引领和规范作用。

（二）突出学习宣传宪法。坚持把学习宣传宪法摆在首要位置，在全社会普遍开展宪法教育，弘扬宪法精神，树立宪法权威。深入宣传依宪治国、依宪执政等理念，宣传党的领导是宪法实施的最根本保证，宣传宪法确立的国家根本制度、根本任务和我国的国体、政体，宣传公民的基本权利和义务等宪法基本内容，宣传宪法的实施，实行宪法宣誓制度，认真组织好“12·4”国家宪法日集中宣传活动，推动宪法家喻户晓、深入人心，提高全体公民特别是各级领导干部和国家机关工作人员的宪法意识，教育引导一切组织和个人都必须以宪法为根本活动准则，增强宪法观念，坚决维护宪法尊严。

（三）深入宣传中国特色社会主义法律体系。坚持把宣传以宪法为核心的中国特色社会主义法律体系作为法治宣传教育的基本任务，大力宣传宪法相关法、民法商法、行政法、经济法、社会法、刑法、诉讼与非诉讼程序法等多个法律部门的法律法规。大力宣传社会主义民主政治建设的法律法规，提高人民有序参与民主政治的意识和水平。大力宣传保障公民基本权利的法律法规，推动全社会树立尊重和保障人权意识，促进公民权利保障法治化。大力宣传依法行政领域的法律法规，推动各级行政机关树立“法定职责必须为、法无授权不可为”的意识，促进法治政府建设。大力宣传市场经济领域的法律法规，推动全社会树立保护产权、平等交换、公平竞争、诚实信用等意识，促进大众创业、万众创新，促进经济在新常态下平稳健康运行。大力宣传有利于激发文化创造活力、保障人民基本文化权益的相关法律法规，促进社会主义精神文明建设。大力宣传教育、就业、收入分配、社会保障、医疗卫生、食品安全、扶贫、慈善、社会救助和妇女儿童、老年人、残疾人合法权益保护等方面法律法规，促进保障和改善民生。大力宣传国家安全和公共安全领域的法律法规，提高全民安全意识、风险意识和预防能力。大力宣传国防法律法规，提高全民国防观念，促进国防建设。大力宣传党的民族、宗教政策和相关法律法规，维护民族地区繁荣稳定，促进民族关系、宗教关系和谐。大力宣传环境保护、资源能源节约利用等方面的法律法规，推动美丽中国建设。大力宣传互联网领域的法律法规，教育引导网民依法规范网络行为，促进形成网络空间良好秩序。大力宣传诉讼、行政复议、仲裁、调解、信访等方面的法律法规，引导群众依法表达诉求、维护权利，促进社会和谐稳定。在传播法律知识的同时，更加注重弘扬法治精神、培育法治理念、树立法治意识，大力宣传宪法法律至上、法律面前人人平等、权由法定、权依法使等基本法治理念，破除“法不责众”、“人情大于国法”等错误认识，引导全民自觉守法、遇事找法、解决问题靠法。

（四）深入学习宣传党内法规。适应全面从严治党、依规治党新形势新要求，切实加大党内法规宣传力度。突出宣传党章，教育引导广大党员尊崇党章，以党章为根本遵循，坚决维护党章权威。大力宣传《中国共产党廉洁自律准则》、《中国共产党纪律处分条例》等各项党内法规，注重党内法规宣传与国家法律宣传的衔接和协调，坚持纪在法前、纪严于法，把纪律和规矩挺在前面，教育引导广大党员做党章党规党纪和国家法律的自觉尊崇者、模范遵守者、坚定捍卫者。

（五）推进社会主义法治文化建设。以宣传法律知识、弘扬法治精神、推动法治实践为主旨，积极推进社会主义法治文化建设，充分发挥法治文化的引领、熏陶作用，使人民内心拥护和真诚信仰法律。把法治文化建设纳入现代公共文化服务体系，推动法治文化与地方文化、行业文化、企业文化融合发展。繁荣法治文化作品创作推广，把法治文化作品纳入各级文化作品评奖内容，纳入艺术、出版扶持和奖励基金内容，培育法治文化精品。利用重大纪念日、民族传统节日等契机开展法治文化活动，组织开展法治文艺展演展播、法治文艺演出下基层等活动，满足人民群众日益增长的法治文化需求。把法治元素纳入城乡建设规划设计，加强基层法治文化公共设施建设。

（六）推进多层次多领域依法治理。坚持法治宣传教育与法治实践相结合，把法律条文变成引导、保障经济社会发展的基本规则，深化基层组织和部门、行业依法治理，深化法治城市、法治县（市、区）等法治创建活动，提高社会治理法治化水平。深入开展民主法治示范村（社区）创建，进一步探索乡村（社区）法律顾问制度，教育引导基层群众自我约束、自我管理。发挥市民公约、乡规民约、行业规章、团体章程等社会规范在社会治理中的积极作用，支持行业协会商会类社会组织发挥行业自律和专业服务功能，发挥社会组织对其成员的行为导引、规则约束、权益维护作用。

（七）推进法治教育与道德教育相结合。坚持依法治国和以德治国相结合的基本原则，以法治体现道德理念，以道德滋养法治精神，促进实现法律和道德相辅相成、法治和德治相得益彰。大力弘扬社会主义核心价值观，弘扬中华传统美德，培育社会公德、职业道德、家庭美德、个人品德，提高全民族思想道德水平，为全面依法治国创造良好人文环境。强化规则意识，倡导契约精神，弘扬公序良俗，引导人们自觉履行法定义务、社会责任、家庭责任。发挥法治在解决道德领域突出问题中的作用，健全公民和组织守法信用记录，完善守法诚信褒奖机制和违法失信行为惩戒机制。

三、对象和要求

法治宣传教育的对象是一切有接受教育能力的公民，重点是领导干部和青少年。

坚持把领导干部带头学法、模范守法作为树立法治意识的关键。完善国家工作人员学法用法制度，把宪法法律和党内法规列入党委（党组）中心组学习内容，列为党校、行政学院、干部学院、社会主义学院必修课；把法治教育纳入干部教育培训总体规划，纳入国家工作人员初任培训、任职培训的必训内容，在其他各类培训课程中融入法治教育内容，保证法治培训课时数量和培训质量，切实提高领导干部运用法治思维和法治方式深化改革、推动发展、化解矛盾、维护稳定的能力，切实增强国家工作人员自觉守法、依法办事的意识和能力。加强党章和党内法规学习教育，引导党员领导干部增强党章党规党纪意识，严守政治纪律和政治规矩，在廉洁自律上追求高标准，自觉远离违纪红线。健全日常学法制度，创新学法形式，拓宽学法渠道。健全完善重大决策合法性审查机制，积极推行法律顾问制度，各级党政机关和人民团体普遍设立公职律师，企业可设立公司律师。把尊法学法守法用法情况作为考核领导班子和领导干部的重要内容。把法治观念强不强、法治素养好不好作为衡量干部德才的重要标准，把能不能遵守法律、依法办事作为考察干部的重要内容。

坚持从青少年抓起。切实把法治教育纳入国民教育体系，制定和实施青少年法治教育大纲，在中小学设立法治知识课程，确保在校学生都能得到基本法治知识教育。完善中小学法治课教材体系，编写法治教育教材、读本，地方可将其纳入地方课程义务教育免费教科书范围，在小学普及宪法基本常识，在中、高考中增加法治知识内容，使青少年从小树立宪法意识和国家意识。将法治教育纳入“中小学幼儿园教师国家级培训计划”，加强法治课教师、分管法治教育副校长、法治辅导员培训。充分利用第二课堂和社会实践活动开展青少年法治教育，在开学第一课、毕业仪式中有机融入法治教育内容。加强对高等院校学生的法治教育，增强其法治观念和参与法治实践的能力。强化学校、家庭、社会“三位一体”的青少年法治教育格局，加强青少年法治教育实践基地建设和网络建设。

各地区各部门要根据实际需要，从不同群体的特点出发，因地制宜开展有特色的法治宣传教育。突出加强对企业经营管理人员的法治宣传教育，引导他们树立诚信守法、爱国敬业意识，提高依法经营、依法管理能力。加强对农民工等群体的法治宣传教育，帮助、引导他们依法维权，自觉运用法律手段解决矛盾纠纷。

四、 工作措施

第七个法治宣传教育五年规划从2016年开始实施，至2020年结束。各地区各部门要根据本规划，认真制定本地区本部门规划，深入宣传发动，全面组织实施，确保第七个五年法治宣传教育规划各项目标任务落到实处。

（一）健全普法宣传教育机制。各级党委和政府要加强对普法工作的领导，宣传、文化、教育部门和人民团体要在普法教育中发挥职能作用。把法治教育纳入精神文明创建内容，开展群众性法治文化活动。人民团体、社会组织要在法治宣传教育中发挥积极作用，健全完善普法协调协作机制，根据各自特点和实际需要，有针对性地组织开展法治宣传教育活动。积极动员社会力量开展法治宣传教育，加强各级普法讲师团建设，选聘优秀法律和党内法规人才充实普法讲师团队伍，组织开展专题法治宣讲活动，充分发挥讲师团在普法工作中的重要作用。鼓励引导司法和行政执法人员、法律服务人员、大专院校法律专业师生加入普法志愿者队伍，畅通志愿者服务渠道，健全完善管理制度，培育一批普法志愿者优秀团队和品牌活动，提高志愿者普法宣传水平。加强工作考核评估，建立健全法治宣传教育工作考评指导标准和指标体系，完善考核办法和机制，注重考核结果的运用。健全激励机制，认真开展“七五”普法中期检查和总结验收，加强法治宣传教育先进集体、先进个人表彰工作。围绕贯彻中央关于法治宣传教育的总体部署，健全法治宣传教育工作基础制度，加强地方法治宣传教育条例制定和修订工作，制定国家法治宣传教育法。

（二）健全普法责任制。实行国家机关“谁执法谁普法”的普法责任制，建立普法责任清单制度。建立法官、检察官、行政执法人员、律师等以案释法制度，在执法司法实践中广泛开展以案释法和警示教育，使案件审判、行政执法、纠纷调解和法律服务的过程成为向群众弘扬法治精神的过程。加强司法、行政执法案例整理编辑工作，推动相关部门面向社会公众建立司法、行政执法典型案例发布制度。落实“谁主管谁负责”的普法责任，各行业、各单位要在管理、服务过程中，结合行业特点和特定群体的法律需求，开展法治宣传教育。健全媒体公益普法制度，广播电视、报纸期刊、互联网和手机媒体等大众传媒要自觉履行普法责任，在重要版面、重要时段制作刊播普法公益广告，开设法治讲堂，针对社会热点和典型案（事）例开展及时权威的法律解读，积极引导社会法治风尚。各级党组织要坚持全面从严治党、依规治党，切实履行学习宣传党内法规的职责，把党内法规作为学习型党组织建设的重要内容，充分发挥正面典型倡导和反面案例警示作用，为党内法规的贯彻实施营造良好氛围。

（三）推进法治宣传教育工作创新。创新工作理念，坚持服务党和国家工作大局、服务人民群众生产生活，努力培育全社会法治信仰，增强法治宣传教育工作实效。针对受众心理，创新方式方法，坚持集中法治宣传教育与经常性法治宣传教育相结合，深化法律进机关、进乡村、进社区、进学校、进企业、进单位的“法律六进”主题活动，完善工作标准，建立长效机制。创新载体阵地，充分利用广场、公园等公共场所开展法治宣传教育，有条件的地方建设宪法法律教育中心。在政府机关、社会服务机构的服务大厅和服务窗口增加法治宣传教育功能。积极运用公共活动场所电子显示屏、服务窗口触摸屏、公交移动电视屏、手机屏等，推送法治宣传教育内容。充分运用互联网传播平台，加强新媒体新技术在普法中的运用，推进“互联网＋法治宣传”行动。开展新媒体普法益民服务，组织新闻网络开展普法宣传，更好地运用微信、微博、微电影、客户端开展普法活动。加强普法网站和普法网络集群建设，建设法治宣传教育云平台，实现法治宣传教育公共数据资源开放和共享。适应我国对外开放新格局，加强对外法治宣传工作。

五、 组织领导

（一）切实加强领导。各级党委和政府要把法治宣传教育纳入当地经济社会发展规划，定期听取法治宣传教育工作情况汇报，及时研究解决工作中的重大问题，把法治宣传教育纳入综合绩效考核、综治考核和文明创建考核内容。各级人大要加强对法治宣传教育工作的日常监督和专项检查。健全完善党委领导、人大监督、政府实施的法治宣传教育工作领导体制，加强各级法治宣传教育工作组织机构建设。高度重视基层法治宣传教育队伍建设，切实解决人员配备、基本待遇、工作条件等方面的实际问题。

（二）加强工作指导。各级法治宣传教育领导小组每年要将法治宣传教育工作情况向党委（党组）报告，并报上级法治宣传教育工作领导小组。加强沟通协调，充分调动各相关部门的积极性，发挥各自优势，形成推进法治宣传教育工作创新发展的合力。结合各地区各部门工作实际，分析不同地区、不同对象的法律需求，区别对待、分类指导，不断增强法治宣传教育的针对性。坚持问题导向，深入基层、深入群众调查研究，积极解决问题，努力推进工作。认真总结推广各地区各部门开展法治宣传教育的好经验、好做法，充分发挥先进典型的示范和带动作用，推进法治宣传教育不断深入。

（三）加强经费保障。各地区要把法治宣传教育相关工作经费纳入本级财政预算，切实予以保障，并建立动态调整机制。把法治宣传教育列入政府购买服务指导性目录。积极利用社会资金开展法治宣传教育。

中国人民解放军和中国人民武装警察部队的第七个五年法治宣传教育工作，参照本规划进行安排部署。

第一部分
知政策，懂法律，
力做当代新农民

第一章　社会主义法治与社会主义法律体系

第一节　社会主义法治理念

一、社会主义法治理念的含义

社会主义法治理念是体现社会主义法治内在要求的一系列观念、信念、理想和价值的集合体，是指导和调整社会主义立法、执法、司法、守法和法律监督的方针和原则。把握社会主义法治理念，必须从中国社会主义国体和政体出发，立足于社会主义市场经济和民主政治发展的时代要求，以科学发展观和社会主义和谐社会思想为指导，深刻地认识社会主义法治的内在要求、精神实质和基本规律，系统地反映符合中国国情和人类法治文明发展方向的核心观念、基本信念和价值取向。

法治理念是人们对法律的功能、作用和法律的实施所持有的内心信念和观念，是指导一国法律制度设计和司法、执法、守法实践的思想基础和主导价值追求。一定的法治理念由一定的社会历史制度、法律文化和价值观所决定，一旦形成，便存在于人们的思想中，具有相当的稳定性、持久性；另一方面，法治理念与立法、执法和守法等法治行为是内因与外部表现的关系。有什么样的法治理想、信念和观念，就会表现为什么样的立法、执法及守法行为。法治理念是灵魂，引导、统摄、支配和决定着法治活动，决定着法治行为及法治效果。法治理念的树立是一项长期的任务，不可能一劳永逸，需要循序渐进，与时俱进。

二、社会主义法治理念的内容

社会主义法治理念，是马克思列宁主义关于国家与法的理论同中国国情和现代化建设实际相结合的产物，是中国社会主义民主与法治实践经验的总结。其内容可以概括为五个方面。

1. 依法治国。这是社会主义法治的核心内容。要求政法机关和政法干警必须不断提高法律素养，切实增强法制观念，坚持严格执法，模范遵守法律，自觉接受监督，时时处处注意维护法律的权威和尊严。

2. 执法为民。这是社会主义法治的本质特征。执法为民的内涵是以人为本，保障人权，文明执法。要以邓小平理论和“三个代表”重要思想为指导，把实现好、维护好、发展好最广大人民的根本利益，作为政法工作的根本出发点和落脚点，在各项政法工作中真正做到以人为本、执法为民，切实保障人民群众的合法权益。

3. 公平正义。这是社会主义法治理念的价值追求。其内涵包括：法律面前人人平等，这是公平正义的首要内涵；合法合理，这是公平正义的内在品质；程序正当是实现公平正义的方式和载体；及时高效是衡量公平正义的重要尺度。公平正义是政法工作的生命线，是和谐社会的首要任务，是社会主义法治的首要目标。要求政法干警必须秉公执法、维护公益、摒弃邪恶、弘扬正气、克服己欲、排除私利，坚持合法合理原则、平等对待原则、及时高效原则、程序公正原则，维护社会的公平正义。

4. 服务大局。这是社会主义法治的重要使命。把握大局，围绕大局，立足本职。要求各级政法机关和政法干警，必须紧紧围绕党和国家大局开展工作，立足本职，全面正确履行职责，致力于推进全面建设小康社会进程，努力创造和谐稳定的社会环境和公正高效的法治环境。

5. 党的领导。这是社会主义法治的根本保证。包括政治领导、思想领导、组织领导。要自觉地把坚持党的领导、巩固党的执政地位和维护社会主义法治统一起来，把贯彻落实党的路线方针政策和严格执法统一起来，把加强和改进党对政法工作的领导与保障司法机关依法独立行使职权统一起来，始终坚持正确的政治立场，忠实履行党和人民赋予的神圣使命。

三、社会主义法治理念的要求

1. 坚持党的领导、人民当家作主和依法治国有机统一，是社会主义法治理念的核心和精髓。

胡锦涛总书记曾说“党的领导是人民当家作主和依法治国的根本保证，人民当家作主是社会主义民主政治的本质要求，依法治国是党领导人民治理国家的基本方略”。这是我们党在总结社会主义国家兴衰成败的经验，特别是中国社会主义民主建设、法制建设的经验，借鉴现代法治理论合理成分的基础上形成的基本理念。党的领导、人民当家作主和依法治国的有机统一，反映了我国社会主义国体和政体的特点和要求。我们只有全面把握这一核心理念，才能理解社会主义法治的本质内涵。

2. 公平正义是社会主义法治的基本价值取向。

法治有两项最基本的要求，一是要有制订得良好的法律，二是这种法律得到普遍的服从。所谓“良好的法律”，就是体现社会公平和正义的法律。所谓“普遍的服从”，就是法律的实体正义和程序正义都得到全面的实现。现代法治既是公平正义的重要载体，也是保障公平正义的重要机制。公平正义，就是社会各方面的利益关系得到妥善协调，人民内部矛盾和其他社会矛盾得到正确处理，社会公平和正义得到切实维护和实现。公平正义是人类社会文明进步的重要标志，是社会主义和谐社会的关键环节。随着市场经济的发展，社会结构的变动，利益关系的多元化，社会公平问题日益凸显出来。高度重视、科学分析、正确解决这些问题，对于保持社会的稳定与和谐，减少社会风险和动荡，至关重要。解决公正问题要综合运用政策、法律、经济、行政等手段，坚持依法、及时、合理解决的原则，采用教育、协商、调解、司法等方法。最重要的是要通过推进社会主义法治进程，逐步建立并从法律上保障公平的机制、公平的规则、公平的环境、公平的条件和公平发展的机会。社会主义立法要体现全社会对公平正义的要求和愿望，使正义的要求法律化、制度化，使实现正义的途径程序化、公开化。社会主义司法制度的根本任务就是要保障在全社会实现公平正义。由于我国封建传统的影响，人们在思想上不同程度地存在着重实体公正、轻程序公正的观念，特别是在执法环节，一些执法人员片面追求事实真相，重口供、轻证据，违反法定程序，甚至刑讯逼供、超期羁押。因此，我们必须大力提倡和强调实体公正与程序公正并重的、全面的公正观念。

3. 尊重和保障人权是社会主义法治的基本原则。

人权是人之作为人都应该享有的权利，是现代社会的道德和法律对人的主体地位、尊严、自由和利益的最低限度的确认。人权来源于人的理性、尊严和价值。基本人权则是当代国际社会所确认的一切人所应当共同具备的权利。人的主体地位、尊严、自由和利益之所以被宣布或确认为权利，不仅是因为它们经常面临着被侵犯、被否定的危险，需要社会道德的支持和国家强制力量的保护，而且是因为人权是社会文明进步的标尺和动力。现代法律就是保护人权的一种制度安排和强制力量。正是人权体现了现代法律的精神，正是人权保障奠定了现代法律的合理性基础。在新民主主义和社会主义革命年代，中国共产党领导人民推翻一切剥削阶级和剥削制度，建立社会主义政权，就是为了争取和实现人权；在社会主义现代化建设和全面改革开放的时代，随着我国公有制为主体、多种所有制经济共同发展的基本经济制度和按劳分配为主体、多种分配方式并存的分配制度不断完善，社会利益多元化和社会矛盾复杂化的趋势日益明显，中国共产党作为长期执政的党要构建社会主义和谐社会，就必须突破两类不同性质的矛盾理论，树立尊重和保障人权的观念，高度重视和维护群众最现实、最关心、最直接的利益，高度重视解决群众生产生活中面临的困难问题，把工作重点从调整对立的阶级关系转移到承认和保护社会利益多元化的政治关系、经济关系、财产关系和人身关系等权利义务关系上来，转变重政权轻民权的观念，克服“防民”思想，提高人权保障意识和依法执政的能力。当前，在刑事司法领域，一些执法人员还存在着重打击犯罪、轻人权保障的观念，习惯于有罪推定，忽视刑事司法的人权保障功能。因此，我们必须着力提倡打击与保护并重的观念，增强以人为本、文明执法的意识。

4. 法律权威是社会主义法治的根本要求。

任何社会的国家机关及其公职人员都要求有一定的权威，而法治社会的政府权威是置于法律权威之下的权威。宪法和法律在政治生活和社会生活中是否真正享有最高权威则是一个国家是否实现法治的关键。在现代法治国家，有的宣布宪法和法律具有至高无上的权威，有的宣布任何组织和个人不得凌驾于宪法和法律之上，都把树立法律权威作为实现法治的重要内容。一方面，法律权威要通过立法建立具有客观性、确定性、稳定性和可预期性的法律制度。如果法律可以随时随需而改，因人因地而异，那就根本没有法治可言。另一方面，法律权威要通过执法、司法和守法保证任何个人、组织和国家机关在法律规定的范围内活动，特别是国家权力机关及其公职人员严格依法办事，违法必究，有效地防止任何人或组织享有凌驾于法律之上的特权。社会主义法制的基本原则即“有法可依，有法必依，执法必严，违法必究”的实质内涵就是要使社会主义法律具有极大的权威。我国宪法第五条对法律权威的基本要求做了明确的规定：“国家维护社会主义法制的统一和尊严。一切法律、行政法规和地方性法规都不得同宪法相抵触。一切国家机关和武装力量、各政党和各社会团体、各企业事业组织都必须遵守宪法和法律。一切违反宪法和法律的行为，必须予以追究。任何组织或者个人都不得有超越宪法和法律的特权。”当前，树立法律权威的观念，要特别强调维护法制统一、反对地方和部门保护主义，反对把个人或组织凌驾于法律之上的法律工具主义。

5. 监督制约是社会主义法治的内在机制。

法治的意义就在于，既能充分地利用国家权力促进和保障公民权利，又能防止国家权力的滥用和腐败，保证国家机关和公职人员正确行使权力，把人民赋予的权力真正用来为人民谋利益。社会主义法治防止权力滥用和保证权力正确行使的基本措施就是建立结构合理、配置科学、程序严密、制约有效、监督有力的权力运行机制，把决策、执行等环节的权力全部纳入监督制约机制之中，保证权力沿着制度化、法律化的轨道运行。任何权力不受监督和制约必然导致滥用和腐败。实行法治就是要对国家权力进行有效的监督和制约，防止国家权力的异化。在我国，各级人民代表大会由民主选举产生，对人民负责并接受人民的监督；国家行政机关、司法机关由人民代表大会产生，对其负责并报告工作，接受其监督。我们还要努力拓宽民主监督的渠道，提高权力运行的透明度，把民主监督、党组织监督、法律监督、行政监督和新闻舆论监督有机结合起来，形成中国特色的社会主义监督体系。加强对权力的监督和制约的方法和途径是多样的，最重要的是保证各个监督系统的整体协调和依法进行，必须实现监督工作的法制化，健全监督法制。要树立权力接受监督制约的观念，必须全面贯彻分工负责、互相配合、互相制约的宪法原则，反对重配合、轻制约的做法，反对排斥监督的司法专横主义。

6. 自由平等是社会主义法治的理想和尺度。

自由是人从自然力和社会关系的束缚下获得解放，人的内在尺度与客体的外在尺度相互转化、相互统一的进步状态。社会主义的根本任务是创造实现和保障人类自由的社会前提。社会主义法治就是创造和保障这种不断发展着的自由的社会控制系统。只有坚持以人为本，发展社会主义民主法治，才能保证人的尊严、价值和主体性得到尊重，保证人的能动性和创造性得到充分发挥，才能创造一个充满活力的、公平正义的和谐社会。古代法治的根本缺陷在于，普通公民没有成为法治的主体，法治只是统治阶级治国安邦的工具，“依法治国”演变为“依法治民”，难以跳出人治的范畴。现代法治的优势和成功之处在于，国家不仅要依靠法律的强制力、规定性来建立稳定的社会秩序，更重要的是用法律来限制国家机关及其公职人员的权力，以平等地保障公民的权利，使普通公民成为法治的主体。随着社会主义市场经济和民主政治的发展，我们必须把公民权利（个人自由的法律表达）作为构成社会关系和法律秩序的本位性要素。公民权利的平等保护不仅是社会主义法治优越性的体现，而且是经济体制改革、政治体制改革、司法体制改革乃至整个社会发展的一项重要指标。近二十多年来，每一项重大制度的改革实质上都可以归结为重新认识和调整权利义务关系、加大平等保护公民自由和权利的力度。中国的社会发展和法治发展的进程就是公民权利要求和权利意识不断增长的过程，是公民权利平等保护机制逐步健全和完善的过程。因此，我们应当树立权利本位和法律面前人人平等的观念，增强平等地保护公民的自由和权利的意识，摆正公民权利与国家权力的关系，反对官本位和长官意志。

第二节　社会主义法律体系

一、 中国特色社会主义法律体系的概念及提出

中国特色社会主义法律体系，是指一个立足中国国情和实际、适应改革开放和社会主义现代化建设需要、集中体现党和人民意志的，以宪法为统帅，以宪法相关法、民法商法等多个法律部门的法律为主干，由法律、行政法规、地方性法规等多个层次的法律规范构成的法律体系。

中国特色社会主义法律体系的提出和实现，经历了一个探索、实践和不断发展的过程。1982 年，第五届全国人大常委会第五次会议首次提出："立法要从我国的实际情况出发，按照社会主义法制原则，逐步建立有中国特色的独立的法律体系。"1987 年，党的十三大报告第一次向全世界宣布："社会主义民主和法制的建设逐步发展。以宪法为基础的社会主义法律体系初步形成。"1993 年，《中共中央关于建立社会主义市场经济体制若干问题的决定》提出："我国法制建设的目标是：遵循宪法规定的原则，加快经济立法，进一步完善民商法律、刑事法律、有关国家机构和行政管理方面的法律，本世纪末初步建立适应社会主义市场经济的法律体系。"

1997 年 9 月，党的十五大报告提出：“加强立法工作，提高立法质量，到 2010 年形成有中国特色社会主义法律体系。”这是党中央第一次正式提出要形成“有中国特色社会主义法律体系”。到八届全国人大任期届满，已初步构成社会主义市场经济法律体系框架。2002 年 11 月，党的十六大报告提出：“适应社会主义市场经济发展、社会全面进步和加入世贸组织的新形势，加强立法工作，提高立法质量，到二〇一〇年形成中国特色社会主义法律体系。”这就重申了党的十五大报告提出的要求。2007 年 10 月，党的十七大报告宣布：“中国特色社会主义法律体系基本形成”。这标志着中国特色社会主义法律体系基本形成。党的十七大报告还提出：“要坚持科学立法、民主立法，完善中国特色社会主义法律体系。”此后，围绕建立和完善中国特色社会主义法律体系，党和国家继续要求加强立法工作。

中国特色社会主义法律体系的形成，是中国共产党政治领导、人民代表大会民主主导、各国家机关全面配合、亿万人民积极参与的结果，是坚持中国特色社会主义立法体制和科学立法、民主立法模式的结果。这种立法模式，符合我国基本国情和经济社会发展实际，体现了党的领导、人民当家作主与民主立法的统一，是社会主义制度集中力量办大事的优越性的又一充分体现。

二、 中国特色社会主义法律体系的内容及特点

我国的法律体系大体由在宪法统领下的宪法及宪法相关法、民法商法、行政法、经济法、社会法、刑法、诉讼与非诉讼程序法等七个部分构成，包括法律、行政法规、地方性法规三个层次。

中国特色社会主义法律体系，是一个层次完备、涵盖了经济社会生活各个方面的法律体系。首先，它强调宪法为国家根本大

法的“统帅”地位，在法律体系中居于中心位置，所有的法律法规必须依据宪法来制定，不得与宪法相违背。其次，它涵盖了宪法相关法、民法商法等多个法律部门的法律，是以这些法律为主干，并以这些法律在整个法律体系中居于基础性地位的一个内容丰富的法律体系。第三，它所涵盖的法律具有多层次性，但最主要的是法律、行政法规和地方性法规。

（一）中国特色社会主义法律体系的内容

中国特色社会主义法律体系由七个部门合起来构成了现在的法律体系，内容是极为广泛的，它表现为一项一项的具体法律制度。

第一个法律部门是保证宪法实施的宪法及其相关法部门。宪法是国家的根本大法。宪法相关法是与宪法配套、直接保障宪法实施的宪法性法律规范的总和，包括《全国人民代表大会组织法》、《民族区域自治法》、《立法法》、《全国人民代表大会和地方各级人民代表大会选举法》、《国旗法》、《国徽法》等。

第二个法律部门是民法商法部门，主要调整平等主体之间发生的所有法律关系，包括婚姻、家庭、继承、买卖、合同、债务，等等。我国目前尚无一部较完整的民法典，而是以《民法通则》为基本法律，辅之以其他单行民事法律，包括《物权法》、《合同法》、《担保法》、《著作权法》、《婚姻法》、《继承法》等。目前我国商法主要有《公司法》、《保险法》、《票据法》、《证券法》等。

第三类是国家管理社会事务的行政法部门。一般行政法是指有关行政主体、行政行为、行政程序、行政责任等一般规定的法律法规，如《公务员法》、《行政处罚法》、《行政复议法》。特别行政法是指适用于各专门行政职能部门管理活动的法律法规，包括国防、外交、人事、民政、公安、国家安全、民族、宗教、侨务、教育、科学技术、医药卫生、城市建设、环境保护等行政管理方面的法律法规。

第四类是国家调控经济的经济法部门。主要分为两大部分：创造平等竞争环境、维护市场秩序方面的法律，我国现已制定《反不正当竞争法》、《消费者权益保护法》、《产品质量法》、《广告法》等；国家宏观调控和经济管理方面的法律，我国现已制定《审计法》、《会计法》、《中国人民银行法》、《价格法》、《税收征收管理法》、《城市房地产管理法》、《土地管理法》等。

第五类是社会法。保障公民的社会权利的法律制度叫作社会法，比如劳动、就业、社会保障等。包括《劳动法》、《劳动合同法》、《工会法》、《未成年人保护法》、《老年人权益保障法》、《妇女权益保障法》、《残疾人保障法》、《公益事业捐赠法》等。

第六类是我们法律部门中数量最少的，就是刑法部门。包括1997年3月14日修订后的《刑法》和此后的刑法修正案以及全国人民代表大会常务委员会制定的有关惩治犯罪的决定等。

第七类是程序类法律，也就是诉讼与非诉讼的程序类法律。比如三大诉讼法——刑事诉讼、民事诉讼、刑事诉讼，还有调解、仲裁等。

（二）中国特色社会主义法律体系的特点

中国特色社会主义法律体系，是中国特色社会主义伟大事业的重要组成部分，是全面实施依法治国基本方略、建设社会主义法治国家的基础，是新中国成立60多年特别是改革开放30多年来经济社会发展实践经验制度化、法律化的集中体现，具有十分鲜明的特征。

1. 体现了中国特色社会主义的本质要求。一国法律体系的性质由一个国家社会制度的性质所决定。我国是工人阶级领导的、以工农联盟为基础的人民民主专政的社会主义国家，这就决定了我们构建的必然是中国特色社会主义性质的法律体系，它以邓小平理论、“三个代表”重要思想为指导，深入贯彻落实科学发展观，坚持党的领导、人民当家作主、依法治国有机统一。它包括的全部法律规范，它确立的各项法律制度，必须有利于巩固和发展社会主义制度，以体现人民共同意志、维护人民根本利益、保障人民当家作主为本质要求。哪些法律需要制定，哪些法律不需要制定，具体法律制度的内容如何，都要从社会主义的本质要求出发，从中国特色社会主义制度和处于社会主义初级阶段的实际出发，从人民群众的根本意志和长远利益出发。

2. 体现了改革开放和社会主义现代化建设的时代要求。新时期最鲜明的特点是改革开放。改革开放作为当代中国的伟大社会实践，为法律体系的建立和完善提供了波澜壮阔的舞台。中国特色社会主义法律体系与改革开放和现代化建设相伴而生、相互促进，具有鲜明的时代特征。一方面，改革开放和现代化建设为法律体系构建提供内在需求和动力，提供实践基础和经验。改革开放和现代化建设越向前推进，经济社会的发展变化越深刻，对健全和完善法律制度的要求就越迫切，法律体系构建所依赖的基础也就越扎实。另一方面，法律体系的构建为改革开放和现代化建设提供法制环境，积极发挥促进、规范、指引和保障作用，在及时肯定已有成功做法、巩固已有改革开放成果的同时，又要为进一步改革开放留下空间。

3. 体现了结构内在统一而又多层次的科学要求。中华人民共和国成立后，建立了统一的、多民族的、单一制的社会主义国家。由于历史的原因，我国各地经济社会发展很不平衡。为了使我们的法律既能通行全国，又能适应各地方千差万别不同情况的需要，以便在实践中能行得通，遵循在中央统一领导下充分发挥地方主动性、积极性的宪法原则，我国逐步确立了统一而又分层次的立法体制。与这一立法体制相适应，中国特色社会主义法律体系在结构上表现为统一而又多层次的特征，既有全国人大及其常委会制定的法律，也有国务院制定的行政法规，还有地方人大及其常委会依据法定权限制定的地方性法规。这一立法体制也决定了各构成部分在法律体系中的地位和作用，概括地说，宪法是统帅，法律是主干，行政法规和地方性法规是对国家法律的细化和补充。它们由不同立法主体按照宪法和法律规定的立法权限制定，区分不同层次，具有不同效力，共同构成一个完整的统一体。

4. 继承中国法制文化优秀传统和借鉴人类法制文明成果的文化要求。中国特色社会主义法律体系的构建，始终立足于基本国情，从实际出发，坚持将传承历史传统、借鉴文明成果和进行制度创新有机结合起来，做到古为今用、洋为中用、兼容并蓄，充分体现这个法律体系在文化上的先进性、包容性和广泛性。一方面，继承中华法制文化中的优秀成分，适应改革开放和现代化建设需要进行制度创新。另一方面，充分吸收人类法律文明的成果，借鉴国外的有益经验，为我所用。实践证明，只有既继承发扬我国优秀的法律文化传统，又借鉴吸收人类法律文明成果，才能走出一条符合我国国情、顺应时代潮流的中国特色社会主义法治道路。

中国特色社会主义法律体系的形成，把国家各项事业发展纳入法制化轨道，从制度上、法律上解决了国家发展中带有根本性、全局性、稳定性和长期性的问题，为社会主义市场经济体制的不断完善、社会主义民主政治的深入发展、社会主义先进文化的日益繁荣、社会主义和谐社会的积极构建，确定了明确的价值取向、发展方向和根本路径，为建设富强民主文明和谐的社会主义现代化国家、实现中华民族伟大复兴奠定了坚实的法制基础。

第二章　宪法的基本知识

第一节　宪法的基本理论

一、 宪法的地位与效力

（一）宪法的地位

宪法是国家的根本大法，在我国拥有最高的法律地位和最大的法律效力。它规定国家各项基本制度和根本任务，规定国家机关的组织与活动的基本原则，保障公民基本权利和义务；它集中反映掌握国家政权的统治阶级的意志和根本利益，是维护和巩固统治阶级专政的重要工具。因此，宪法既是国家治国安邦的总章程，也是公民立身行事的总依据。

（二）宪法的效力

宪法效力是指宪法作为法律规范所发挥的约束力与强制性，是宪法作为国家根本法对整个国家生活和社会生活进行调整所具有的最高法律效力。宪法是国家的根本大法，具有最高法律效力，是制定其他法律的依据，一切法律、法规都不得同宪法相抵触。

我国宪法具有以上宪法具有的通用的效力特点。

1. 效力的最高性和直接性。宪法效力具有最高性和直接性，规定在宪法序言中；宪法的正当性决定了其效力最高性：制定权来源的正当性，宪法正当性决定于国家权力的合法性；宪法规定内容的合理性，宪法上规定的内容要正确地反映一国的实际情况，包括历史传统、现实要求与权力平衡状况；宪法程序的正当性，程序是否完备对宪法内容的实现也产生不可忽视的影响。

2. 对人效力。我国宪法适用于中国公民。中国公民的判断标准是中国国籍，而中国国籍的取得方式有两种，一为出生取得，我国坚持出生于血统相结合原则；二为继受取得，即申请加入中国国籍。申请或退出是个人自由决定的，但国家工作人员、现役军人，不得退出中国国籍。外国人和法人在一定的条件下可以成为基本权利主体。

3. 领土效力。领土是包括国家的陆地、河流、湖泊、内海、领海以及它们的底床、底土和上空（领空），是主权国管辖的国家全部疆域，是国家的构成要素，是国家行使主权的空间，也是国家行使主权的对象。任何一个主权国家的宪法的空间效力都及于国土的所有领域，这是主权的唯一性和不可分割性所决定的，也是由宪法的根本法地位所决定的。但宪法在不同领域的适用上是有差异的。这是应当注意的。

4. 我国宪法效力除以上基本特征外，还存在一些特殊性的效力。第一，宪法效力存在区际差异。根据“一国两制”原则，香港、澳门及未来台湾实行各自独特的法律制度，我国已形成不同的“法域”。宪法效力在不同特别行政区也存在差异，宪法效力的这一特点就称之为宪法效力的区际差异。第二，宪法效力的保障制度不健全。我国 1982 年宪法在序言中规定，宪法“是国家的根本法，具有最高法律效力”。第 5 条进一步规定：“一切法律、行政法规和地方性法规都不得同宪法相抵触”，“任何组织或者个人都不得有超越宪法和法律的特权”。可见，我国宪法对自身效力作了比较明确的规定。但宪法并未规定保障宪法效力的专门机构及其工作程序，也未建立宪法诉愿制度。

二、宪法的基本原则

宪法的基本原则是指一切国家权力属于人民的原则、保障公民权利和义务的原则、民主集中制原则和社会主义法制原则。

（一）人民主权原则

人民主权是指国家或政府的最高权力来源于和最终属于人民，即国家或政府的最高权力的“民有”，并且这种来源是政府或者国家权力的合法化依据或者前提。社会主义国家的宪法无一例外地承认国家的权利属于人民，并以此作为重要的宪法原则，我国宪法也同样接受人民主权的思想，并且体现在制度和组织上。但是这个原则在理论和实践方面都与西方有所不同。社会主义的宪法理论通常不承认“社会契约不认为主权是全民的公共意志”的体现，其权力与西方所认为的全体国民公意的“超阶级”的观点有所区别。

（二）基本人权原则

人权是指作为一个人所应该享有的权利，天赋人权是指自然生物普遍固有的权利，并不由法律或者信仰来赋予。我国宪法第二章“公民的基本权利和义务”专章规定和列举了公民的基本权利，体现了对公民的宪法保护。2004 年，我国通过了宪法修正案，把“国家尊重和保障人权”写入宪法，它为我国宪法观念从工具主义向宪政主义转变提供了契机。

（三）权力制约原则

宪法规定：“中华人民共和国的国家机关之间实行民主集中制。”权力制约原则是指国家权力的各部分之间相互监督、彼此牵制，以保障公民权利的原则。它既包括公民权利对国家权利的制约，也包括国家权力对国家权力的制约。在资本主义国家的宪法中，权力制约原则主要表现为分权原则，即三权分立。在社会主义国家的宪法中，权力制约原则主要表现为人大、政府、检察院之间相互监督的原则。

（四）法治原则

1997 年 9 月，中共十五大通过的新《党章》再次重申了法治原则这一重要原则。十五大的政治报告提出了以法治国，建设社会主义法治国家的任务，特别强调依法治国是党领导人民治理国家的基本方略，是发展社会主义市场经济的客观需要，是社会文明进步的重要标志，是国家长治久安的重要保障。1999 年九届全国人大第二次会议修改宪法，在《宪法》第 5 条中增加一款："中华人民共和国实行依法治国，建设社会主义法治国家。"这就在宪法上正式确立了法治原则。

第二节　国家制度

一、　国家制度

（一）国体

我国的国体即国家的阶级本质，是人民民主专政。我国是工人阶级领导的、以工农联盟为基础的人民民主专政的社会主义国家。人民民主专政实质上是无产阶级专政。它的基本特点主要体现在六个方面：以工人阶级为领导阶级（根本标志）；以工农联盟为阶级基础，以知识分子为依靠力量之一；实行共产党领导的多党合作，以广泛的爱国统一战线为政治联盟；以公有制为主的多种所有制经济并存的经济制度为基础；以有中国特色的社会主义精神文明为文化基础；以对人民实行民主和对敌人实行专政的有机结合为内容构成，在人民内部实行民主是实现对敌人专政的前提和基础，对敌人专政是人民民主的有力保障。

（二）政体

我国的政权组织形式是人民代表大会制度。人民代表大会制度是我国的根本政治制度。其内容包括：1. 国家的一切权力属于人民；2. 选民民主选举代表是人民代表大会制度的前提；3. 以人民代表大会为基础建立全部国家机构是人民代表大会制度的核心；4. 对人民负责、受人民监督是人民代表大会制度的关键。

（三）国家结构形式

国家结构形式是指国家整体与组成部分之间，中央政权与地方政权之间的关系。政权组织形式与国家结构形式都属于国家形式，决定于国家的性质。

国家结构形式主要有单一制和联邦制两大类型。单一制国家结构形式的特点是：国家只有一部宪法，由统一的立法机关根据宪法制定法律；国家只有一套中央机关体系；公民只有一个国籍；地方受中央统一领导；国家整体是国际交往的主体，地方政府的权力由中央授予，地方行政区域单位和自治单位没有脱离中央而独立的权力。联邦制国家结构形式的特点是：联邦与成员国各有自己的宪法和法律以及国家机关体系；公民有双重国籍，联邦国家的公民既有联邦的国籍，又有成员国的国籍；联邦的最高立法机关通常采用两院制；通过宪法划分联邦与成员国的权力，既要保证联邦行使国家的立法、行政、司法、财政、军事等主要国家权力，又规定各成员国享有一定的外交权，凡未授予联邦的权力由各成员国保留，等等。

我国宪法序言规定：“中华人民共和国是全国各民族共同缔造的统一的多民族国家。”这一规定表明，我国实行的是单一制国家结构形式。

（四）行政区划

中国的行政区域划分如下：全国分为省、自治区、直辖市；省、自治区分为自治州、县、自治县、市；县、自治县分为乡、民族乡、镇。直辖市和较大的市分为区、县。自治州分为县、自治县、市。自治区、自治州、自治县都是民族自治地方。国家在必要时得设立特别行政区。在特别行政区内实行的制度按照具体情况由全国人民代表大会以法律规定。民族区域自治制度是我国解决民族问题的基本制度。宪法规定："各少数民族聚居的地方实行区域自治，设立自治机关，行使自治权。各民族自治地方都是中华人民共和国不可分离的部分。"民族自治地方分为自治区、自治州、自治县三级。民族自治机关包括自治区、自治州、自治县的人大和政府。自治机关除行使普通地方国家机关的职权外，还行使宪法和法律授予的自治权。

（五）选举制度

选举制度是指选举国家代表机关的各项制度的总称。现行的选举制度特指选举各级人大代表的制度。

我国选举制度的基本原则是实现一切国家权力属于人民的宪法精神，保障人民参与国家管理的基本权利。我国选举制度体现出充分的民主性，具体表现在：

1. 选举权的普遍性。宪法规定，除依照法律被剥夺政治权利外，凡年满十八周岁的公民，都有选举权和被选举权。因此，在我国享有选举权的基本条件：一是具有中国国籍；二是年满十八周岁；三是依法享有政治权利。

2. 选举的平等性。选举的平等性原则是指每一个选民在一次选举中只能享有一个投票权，每一选民所投票的价值与效力是一样的。我国选举权的平等性侧重于实质上的平等，而不单纯是形式上的平等。

3. 直接选举与间接选举并用。选举法规定，全国人大代表，省、自治区、直辖市、设区的市、自治州的人大代表，由下一级人民代表大会选举；不设区的市、市辖区、县、自治县、乡、民族乡、镇的人民代表大会的代表，由选民直接选举产生。

4. 秘密投票。也称无记名投票。选民如果是文盲或者因残疾不能写选票的，可以委托他信任的人代写。

（六）人民代表大会制度

人民代表大会制度是中国人民民主专政的政权组织形式，是中国的根本政治制度。人民代表大会制度是按照民主集中制原则，由选民直接或间接选举代表组成人民代表大会作为国家权力机关，统一管理国家事务的政治制度。我国宪法明确规定：中华人民共和国的一切权力属于人民；人民行使国家权力的机关是全国人民代表大会和地方各级人民代表大会。

人民代表大会制度是适合我国国情的根本政治制度，它直接体现我国人民民主专政的国家性质，是建立我国其他国家管理制度的基础。首先，它有利于保证国家权力体现人民的意志。人民不仅有权选择自己的代表，随时向代表反映自己的要求和意见，而且对代表有权监督，有权依法撤换或罢免那些不称职的代表。其次，有利于保证中央和地方的国家权力的统一。在国家事务中，凡属全国性的、需要在全国范围内做出统一决定的重大问题，都由中央决定；属于地方性问题，则由地方根据中央的方针因地制宜的处理。这既保证了中央集中统一的领导，又发挥了地方的积极性和创造性，使中央和地方形成坚强的统一整体。最后，有利于保证我国各民族的平等和团结。依照宪法和法律规定，在各级人民代表大会中，都有适当名额的少数民族代表；在少数民族聚集地区实行民族区域自治，设立自治机关，使少数民族能管理本地区、本民族的内部事务。

（七）民族区域自治制度

民族区域自治制度，是指在国家统一领导下，以少数民族聚居的地区为基础，建立相应的自治机关，设立自治机关，行使自治权，自主地管理本民族、本地区的内部事务，行使当家作主的权利的制度。民族区域自治制度是我国的基本政治制度之一，是建设中国特色社会主义政治的重要内容。

中国的民族区域自治制度有两个显著特点：一是中国的民族区域自治，是在国家统一领导下的自治，各民族自治地方都是中国不可分离的一部分，各民族自治机关都是中央政府领导下的一级地方政权，都必须服从中央统一领导。二是中国的民族区域自治，不只是单纯的民族自治或地方自治，而是民族因素与区域因素的结合，是政治因素和经济因素的结合。

（八）基层群众自治制度

基层群众自治制度，是依照宪法和法律，由居民（村民）选举的成员组成居民（村民）委员会，实行自我管理，自我教育，自我服务，自我监督的制度。它是在新中国成立后的民主实践中逐步形成的，并首先发育于城市。中共十七大将“基层群众自治制度”首次写入党代会报告，正式与人民代表大会制度、中国共产党领导的多党合作和政治协商制度、民族区域自治制度一起，纳入了中国特色政治制度范畴。

基层群众自治具体而言是指农村村民自治和城市社区居民自治。1982 年 12 月，新宪法正式确立了村民委员会作为农村基层群众性自治组织的法律地位。1989 年 12 月，七届全国人大常委会第十一次会议通过了《中华人民共和国城市居民委员会组织法》，对改革开放条件下城市居民自治的性质、任务、组织形式及其他相关制度作出了全面规范。

基层群众自治制度的目的，是为了让人民群众当家作主。要真正发展好基层群众自治制度，就必须把人民群众的根本利益作为一切工作的出发点和落脚点，实现好、维护好和发展好最广大人民的根本利益。基层民主落实好了，人民真正当家作主了，百姓就会心顺气畅，这必将有利于民主法治、公平正义、诚信友爱、充满活力、安定有序、人与自然和谐相处的和谐社会的构建。

（九）政党制度

我国的政党制度是中国共产党领导的多党合作和政治协商制度。

中国共产党领导的多党合作和政治协商制度是中华人民共和国的一项基本的政治制度，是具有中国特色的政党制度。这一制度的基本内容包括以下几个方面：中国共产党是执政党，各民主党派是参政党，中国共产党和各民主党派是亲密战友。中国共产党是执政党，其执政的实质是代表工人阶级及广大人民掌握人民民主专政的国家政权。各民主党派是参政党，具有法律规定的参政权。其参政的基本点是参加国家政权，参与国家大政方针和国家领导人选的协商，参与国家事务的管理，参与国家方针、政策、法律、法规的制定和执行；中国共产党和各民主党派合作的首要前提和根本保证是坚持中国共产党的领导和坚持四项基本原则；中国共产党与各民主党派合作的基本方针是长期共存，互相监督，肝胆相照，荣辱与共；中国共产党和各民主党派以宪法和法律为根本活动准则。

《中华人民共和国宪法》序言规定：中国共产党领导的多党合作和政治协商制度将长期存在和发展。中国人民政治协商会议是中国人民爱国统一战线的组织，是中国共产党领导的多党合作和政治协商的重要机构；由中国共产党、各民主党派、无党派民主人士、人民团体、各民族和各界的代表，台湾同胞、港澳同胞和归国侨胞的代表以及特别邀请的人士组成。中国人民政治协商会议的主要职能是政治协商和民主监督，组织参加政协的各党派、团体和各族各界人士参政议政。

（十）经济制度

中国的社会主义经济制度的基础是生产资料的社会主义公有制，即全民所有制和劳动群众集体所有制。社会主义公有制消灭人剥削人的制度，实行各尽所能、按劳分配，多种分配制度并存的原则。国家在社会主义初级阶段，坚持公有制的主体地位，鼓励、支持和引导非公有制经济发展。我国实行以公有制为主体，多种所有制经济共同发展的基本经济制度。社会主义公有制是我国经济制度的基础，包括全民所有制经济和集体所有制经济；非公有制经济是社会主义市场经济的重要组成部分。

（十一）文化制度

我国基本文化制度是围绕社会主义精神文明的核心进行教育科学文化建设和思想道德建设。现行宪法对文化制度的原则、内容等作了比较全面和系统的规定。具体内容包括：

1. 国家发展教育事业。

宪法第 19 条规定："国家发展社会主义的教育事业，提高全国人民的科学文化水平。国家举办各种学校，普及初等义务教育，发展中等教育、职业教育和高等教育，并且发展学前教育。国家发展各种教育设施，扫除文盲，对工人、农民、国家工作人员和其他劳动者进行政治、文化、科学、技术、业务的教育，鼓励自学成才。国家鼓励集体经济组织、国家企业事业组织和其他社会力量依照法律规定举办各种教育事业。国家推广全国通用的普通话。"据此，国家先后制定了教育法、义务教育法、高等教育法、教师法等，系统地规定了教育领域的基本规则，保障了社会主义教育事业的发展。

2. 国家发展科学事业。

宪法第 20 条规定："国家发展自然科学和社会科学事业，普及科学和技术知识，奖励科学研究成果和技术发明创造。"据此，国家颁布了专利法、著作权法等一系列单行法律、法规，以保护科学技术成果、加速科学技术发展、促进社会主义经济建设。

3. 国家发展文学艺术及其他文化事业。

发展文学艺术及其他文化事业，是培养公民健康情趣，提高民族精神素质的重要途径，也是我国社会主义文化建设的重要内容。宪法第 22 条明确规定："国家发展为人民服务、为社会主义服务的文学艺术事业、新闻广播电视事业、出版发行事业、图书馆博物馆文化馆和其他文化事业，开展群众性的文化活动。国家保护名胜古迹、珍贵文物和其他重要历史文化遗产。"

开展体育运动，促进群众体育和竞技体育全面发展，能够丰富人民精神文化生活。宪法第 21 条第 2 款规定："国家发展体育事业，开展群众性的体育活动，增强人民体质。"

4. 国家开展公民道德教育。

公民道德教育是国家文化建设的基础，并对整个国家文化制度的发展方向具有决定性意义。

宪法第 24 条第 1 款规定："国家通过普及理想教育、道德教育、文化教育、纪律和法制教育，通过在城乡不同范围的群众中制定和执行各种守则、公约，加强社会主义精神文明建设。"宪法这一规定的目的在于培养有理想、有道德、有文化、有纪律的社会主义公民。

宪法第 24 条第 2 款规定："国家提倡爱祖国、爱人民、爱劳动、爱科学、爱社会主义的公德。"这一规定反映了我国人民为实现社会主义现代化，建设富强、民主、文明的现代化国家宏伟目标而奋斗的共同要求。国家以“五爱”为基础进行社会主义道德教育，与公民必须履行尊重社会公德的义务是完全一致的。公民自觉地接受“五爱”教育，并以实际行动尊重社会公德，不仅是国家发展的需要，也是公民自我完善的需要。

第三节　公民的基本权利与基本义务

一、 公民的基本权利

（一）平等权

平等权是指公民依法平等地享有权利，不受任何不合理的差别对待，要求国家法律给予权利同等的保护。它包括司法平等（公民在适用法律上平等）和守法平等，但不包括在立法上的平等。

1. 保障妇女的权利。宪法第 48 条规定：“中华人民共和国妇女在政治的、经济的、文化的、社会的和家庭的生活等各方面享有同男子平等的权利。”

2. 保障退休人员和军、烈属的权利。

3. 保护婚姻、家庭、母亲、儿童和老人。

4. 关怀青少年和儿童的成长。

5. 保护华侨的正当权益、归侨侨眷的合法权益。

（二）政治权利和自由

1. 选举权和被选举权。中华人民共和国年满 18 周岁的公民，不分民族、种族、性别、职业、家庭出身、宗教信仰、教育程度、财产状况、居住期限，都有选举权和被选举权；但是依照法律被剥夺政治权利的人除外。

2. 政治自由，包括言论、出版、集会、结社、游行、示威的自由。

我国对集会、游行、示威采取申请和许可制。1989 年《集会游行示威法》规定集会、游行、示威应向举行地的市县公安局或城市公安分局提出申请，若未被允许，可以向同级人民政府提出行政复议。五日前提申请，两日前通知决定，不通知为默许。以下四种情形不被允许：（1）反对宪法所确定的基本原则的；（2）危害国家统一、主权和领土完整的；（3）煽动民族分裂的；（4）有充分根据认定申请举行的集会、游行、示威将直接危害公共安全或者严重破坏社会秩序的。

被允许的也有一些限制：一是应当和平地进行；二不得妨碍公务，有些地方限制或禁止在下列场所周边距离十米至三百米内，不得举行集会、游行、示威，经国务院或者省、自治区、直辖市的人民政府批准的除外：（1）全国人民代表大会常务委员会、国务院、中央军事委员会、最高人民法院、最高人民检察院的所在地；（2）国宾下榻处；（3）重要军事设施；（4）航空港、火车站和港口。

公务员不得组织参加违反法律和国家工作人员职责义务的集会、游行、示威。

《刑法》第 54 条规定的剥夺政治权利，包括：选举权和被选举权；言论、出版、集会、结社、游行、示威自由的权利；担任国家机关职务的权利；担任国有公司企业、事业单位和人民团体领导职务的权利。

（三）监督权和取得赔偿权

监督权包括批评、建议权，控告、检举、申诉权。

批评、建议权是指公民对于任何国家机关和国家工作人员，有提出批评和建议的权利；控告、检举权、申诉权是指对于任何国家机关和国家工作人员的违法失职行为，有向有关国家机关提出申诉、控告或者检举的权利，但是不得捏造或者歪曲事实进行诬告陷害。

对于国家机关和国家工作人员侵犯公民权利而受到损失的人，有依照法律规定取得赔偿的权利。1989 年《行政诉讼法》确立了行政赔偿的原则和制度，1994 年《国家赔偿法》使公民的这一宪法权利得到了切实保障。

（四）宗教信仰自由

宗教信仰自由是指公民依据内心的信念，自愿地信仰宗教的自由。国家保护正常的宗教活动，但任何人不得利用宗教进行破坏社会秩序、损害公民身体健康、妨碍国家教育制度的活动；宗教团体和宗教事务不受外国势力支配。

（五）人身自由

1. 生命权。

2. 人身自由。即公民的肉体不受非法侵犯，即不受非法限制、搜查、拘留和逮捕。

3. 人格尊严不受侵犯。禁止用任何方法对公民进行侮辱、诽谤和诬告陷害。人格尊严的法律表现是公民的人格权，具体包括：姓名权、肖像权、名誉权、荣誉权和隐私权。

4. 公民的住宅权不受侵犯。禁止非法搜查或者非法侵入公民的住宅。公安机关、检察机关为了收集犯罪证据、查获犯罪嫌疑人，需要对有关人员的身体、物品、住宅及其他地方进行搜查时，必须严格依照法律规定的程序进行。

5. 通信自由和通信秘密。除因国家安全或者追查刑事犯罪的需要，由公安机关或者检察机关依照法律规定的程序对通信进行检查外，任何组织或者个人不得以任何理由侵犯公民的通信自由和通信秘密。

（六）社会经济文化教育权利

1. 财产权。公民的合法的私有财产不受侵犯；国家依照法律规定保护公民的私有财产权和继承权；国家为了公共利益的需要，可以依法对公民的私有财产实行征收或者征用并给予补偿。财产权和继承权为消极受益权，不能要求国家提供，受侵害时，可以要求国家保护。积极受益权可以要求国家积极提供。

2. 劳动权。有劳动能力的公民有从事劳动并取得相应报酬的权利。这是一种权利义务复合型的权利。受教育权也是一种权利义务复合型的权利。

3. 休息权。劳动者有休息的权利。

4. 获得物质帮助权，是指公民在年老、疾病或者丧失劳动能力的情况下，有从国家和社会获得物质帮助的权利。

5. 文化权利和自由，是指公民有进行科学研究、文学艺术创作和其他文化活动的自由。

二、 公民的基本义务

在享有法律赋予的权利的同时，公民也要承担相应的义务。所谓基本义务，是指宪法规定的公民必须履行的法律责任。公民的基本义务决定着公民在国家生活中的政治和法律地位。

公民基本义务主要有以下内容：

1. 维护国家统一和民族团结。作为一个公民首先必须自觉维护国家的统一和各民族的团结。

2. 遵守宪法和法律，保守国家秘密，爱护公共财产，遵守劳动纪律，遵守公共秩序，尊重社会公德。

3. 维护祖国的安全、荣誉和利益。

4. 保卫祖国、依法服兵役和参加民兵组织。不得服兵役是指被剥夺政治权利的人不得服兵役；不征兵役是对犯罪嫌疑人、被羁押、服刑人员；缓征一般是对维持家庭生活唯一劳动力，全日制在校学生。

5. 依法纳税。确定纳税义务时，应保证税制科学合理和税负公平；税收法定，税收基本制度实行法律保留；纳税义务有利于防止国家权力侵犯公民财产权。履行纳税义务是公民享有其他基本权利的前提条件。

除此之外，公民还有其他义务，如公民还有劳动的义务；受教育的义务；父母有抚养教育未成年子女的义务；成年子女有赡养扶助父母的义务等。

第三章　农村基层党组织与村民委员会

第一节　农村基层党组织

一、农村基层党组织的地位与作用

农村基层党组织，在农村各项工作中发挥领导核心作用，是农村全部工作和战斗力的基础，是落实党的路线方针政策和各项工作任务的战斗堡垒，不论是巩固党的执政基础和执政地位，还是协调推进“四个全面”战略布局，都必须坚持农村基层党组织领导核心地位。基层党组织不是一般的社会组织，而是政治组织，其战斗堡垒作用，最重要的就体现在政治引领上。要有力组织、团结、带领农村党员和群众，推动中央和各级党组织的决策部署落地生根。要在农村各项工作中发挥领导核心作用。一切路线方针政策最终要落实到一件一件具体的工作中去。要在农村各种组织中发挥领导核心作用。

二、农村基层党组织建设

当前农村基层党组织凝聚力、战斗力不强、农村党员年龄结构老化、整体素质不高、党员的先锋模范作用未能真正发挥等问题仍然比较突出，基层党组织能力呈弱化趋势。为此，应大力加强农村基层党组织建设，提高农村基层党组织民主执政、依法执政和科学执政的意识和水平，充分发挥党组织和党员的战斗堡垒作用和模范带头作用，全面提高农村基层党组织治理能力。具体而言应从如下几个方面入手：

第一，完善村级民主管理制度，调动广大党员参与村级事务的积极性。

这要求理顺村党支部和村民委员会的关系，扩大党内民主，并实行真正意义上的村民自治。在农村社会治理中，党员作为先进分子，具有政治上的优势，也拥有很强的社会影响力，他们在村民委员会、村民代表大会、村级其他公共组织中应扮演更加重要的角色，在村级公共事务中应发挥更大的作用。应在村级民主决策中引入党员大会或党员代表大会议事制度，以更好地发挥普通党员在农村事务中的作用，更充分地实现农村民主发展和农村社会有效治理，推动农村的改革与发展。

第二，加强基层党组织建设，稳步扩大党员队伍，巩固和强化党组织的权威。

这首先要求农村党支部领导班子强有力，能够形成领导核心，具有权威性、凝聚力和战斗力，能够真正发挥战斗堡垒作用。目前我国推行的“一村一官”的大学生村官政策，以及不少地方推行的“第一书记”制度，对于加强农村基层党组织制度建设、能力建设，对于提高民众对党组织的认同感具有重要作用，对于社会主义新农村建设也产生了重要推动作用。其次，应健全吸收农村积极分子入党的机制，保持党员队伍的生机和活力。克服党员干部年龄偏大，流动强不强，文化素质低下，思想跟不上形势，以及相当一部分党员在新形势下不知如何发挥先锋模范作用等现实问题，使党员队伍稳定发展，党员的年龄结构、知识结构和分布状况更趋合理。特别是要实现党内民主，使党内民主与人民民主结合起来，增强党组织的权威性和认同感。

第三，加强对党员的管理、考核、培训工作，建立党员发挥先锋模范作用的长效机制。

应对党员进行有效的正面激励和负面激励，提高组织效率。特别是要按照党章的要求，强化对党员的负面激励。要严肃党的纪律，按照党的组织原则办事，对那些无故不参加党组织活动，不缴纳党费，不积极发挥模范带头作用的党员要批评教育，对个别影响恶劣的党员要及时清除出党的队伍。要加强对党员的培训，提高党员的素质。同时，加强对党员的考察评议，引入党员群众评议机制，评议结果分优秀、良好、合格、不合格等四个等次，对不合格党员要进行再学习、再教育等活动，通过群众监督、支部帮扶等方式，提高党员的觉悟。而且，实现党员评议制度化，每年一次定期考核评议，建立并完善党员作用有效发挥的长效机制。

第四，完善基层党支部成员，尤其是基层党委任职制度。

农村中普遍存在基层党支部委员长期任职的现象，而任期过久，必然使得基层党支部委员产生把控村务权力，从而滋生违法乱纪行为。要保持党的基层组织的战斗堡垒作用，就要从组织的本身抓起，建立相对完善的考核、任职制度，是解决这一问题的关键。

笔者认为，完善这一制度可以从以下方面着手。

1. 将国家公务人员的任职期限制度纳入基层党建中，让基层党支部成员有一定的任职期限，并定期举行选举。

2. 村民可以监督选举的结果、成员的任职情况，并对结果及以后的任职状况向乡镇党组织提出意见。

3. 乡镇一级的党的纪律检查机构要履行起对农村基层党组织的监督作用。听取村民意见、反映情况，对基层党组织的成员的违纪问题要予以处理，减少违纪转向犯罪的几率。

第二节　村民委员会

一、村民自治与村民会议

（一）村民自治

村民自治是指农民按照农村居住区域组织起来，通过民主选举村民委员会，对本村事务进行民主决策、民主管理和民主监督的制度。《中华人民共和国村民委员会组织法》（以下简称《村民委员会组织法》）规定了村民自治制度。

村民自治的主体是村民群众。村民群众进行自治活动，必须依托一定的组织。村民主要通过一定的组织机构来行使其自治权。村民自治组织是村民行使自治权的组织。村民自治组织有两大类：一类是权力机构，包括村民会议、村民代表会议、村民小组会议等；另一类是工作机构，包括村委会、村民小组等。在自治组织体系内部，自治组织之间的关系不同，对村民自治功能的影响不同。

（二）村民会议

村民主要通过村民会议或者村民代表会议来行使自治权。村民会议和村民代表会议是村级事务管理系统中的权力机构。村民会议是由全体村民组成的组织机构，是村民自治中对涉及村民利益的村级重大事务进行讨论决定的组织，是村民直接行使民主决策权的重要组织形式。

根据《村委会组织法》的有关规定，作为村级村民自治权力机构的村民会议，其职权主要有：1. 选举权。村民会议有权选举、撤换和补选村委会成员；2. 创制权。村民会议有权依照

《宪法》和《村委会组织法》等法律的精神和原则，讨论、审议、修改和制定本村村民自治章程和规则；3. 决策权。村民会议有权审议、通过本村经济和社会发展规划以及年度规划；审议并决定本村涉及全体村民利益的重大事项；4. 监督权。村民会议有权监督、审查村级财务，监督村委会的成员和工作；5. 否决权。村民会议有权撤销或者变更村委会作出的不适当的决定。

二、村民委员会

（一）村民委员会的含义与设立

根据《村民委员会组织法》第2条的规定，村民委员会是村民自我管理、自我教育、自我服务的基层群众性自治组织，依法实行民主选举、民主决策、民主管理和民主监督。村民委员会办理本村的公共事务和公益事业，调解民间纠纷，协助维护社会治安，向人民政府反映村民的意见、要求，提出建议。

根据《村民委员会组织法》第3条的规定，村民委员会根据村民居住状况、人口多少，按照便于群众自治，有利于经济发展和社会管理的原则设立。村民委员会的设立、撤销、范围调整，由乡、民族乡、镇的人民政府提出，经村民会议讨论同意，报县级人民政府批准。村民委员会不是国家机关，是农村实施基层直接民主的组织形式。

根据《村民委员会组织法》第5条的规定，乡、民族乡、镇的人民政府对村民委员会的工作给予指导、支持和帮助，但是不得干预依法属于村民自治范围内的事项。同时，村民委员会协助乡、民族乡、镇的人民政府开展工作。

（二）村民委员会的组成与职责

1. 村民委员会的组成

根据《村民委员会组织法》第6条的规定，村民委员会由主任、副主任和委员共 3—7 人组成。村民委员会成员中，应当有妇女成员，多民族村民居住的村应当有人数较少的民族的成员。同时，对村民委员会成员根据工作情况，给予适当补贴。

根据《村民委员会组织法》第 7 条的规定，村民委员会根据需要设人民调解、治安保卫、公共卫生与计划生育等委员会。村民委员会成员可以兼任下属委员会的成员。人口少的村的村民委员会可以不设下属委员会，由村民委员会成员分工负责人民调解、治安保卫、公共卫生与计划生育等工作。

2. 村民委员会的职责

根据《村民委员会组织法》的规定，村民委员会具有如下职责：

(1) 组织生产的职责

根据《村民委员会组织法》第 8 条的规定，村民委员会应当支持和组织村民依法发展各种形式的合作经济和其他经济，承担本村生产的服务和协调工作，促进农村生产建设和经济发展。村民委员会依照法律规定，管理本村属于村民集体所有的土地和其他财产，引导村民合理利用自然资源，保护和改善生态环境。

村民委员会应当尊重并支持集体经济组织依法独立进行经济活动的自主权，维护以家庭承包经营为基础、统分结合的双层经营体制，保障集体经济组织和村民、承包经营户、联户或者合伙的合法财产权和其他合法权益。这里的联户是指农户通过合作、合资、入股等方式，将人力、物力、机械等进行整合所形成的联合经营模式。这里的合伙是指两个以上的村民按照协议，各自提供资金、实物、技术等，合伙经营、共同劳动、共担风险、共获收益的经营形式。

(2) 法制、文化、社区、民族等工作的职责

根据《村民委员会组织法》第 9 条的规定，村民委员会应当

宣传宪法、法律、法规和国家的政策，教育和推动村民履行法律规定的义务，爱护公共财产，维护村民的合法权益，发展文化教育，普及科技知识，促进男女平等，做好计划生育工作，促进村与村之间的团结、互助，开展多种形式的社会主义精神文明建设活动。

村民委员会应当支持服务性、公益性、互助性社会组织依法开展活动，推动农村社区建设。

(3) 加强自身建设的职责

根据《村民委员会组织法》第 10 条的规定，村民委员会及其成员应当遵守宪法、法律、法规和国家的政策，遵守并组织实施村民自治章程、村规民约，执行村民会议、村民代表会议的决定、决议，办事公道，廉洁奉公，热心为村民服务，接受村民监督。

(三) 村民委员会的选举

1. 村民委员会的任期及交接

根据《村民委员会组织法》第 11 条的规定，村民委员会主任、副主任和委员，由村民直接选举产生，任何组织或者个人不得指定、委派或者撤换村民委员会成员。

村民委员会每届任期 3 年，届满应当及时举行换届选举，村民委员会成员可以连选连任。村民委员会应当自新一届村民委员会产生之日起 10 日内完成工作移交。工作移交由村民选举委员会主持，由乡、民族乡、镇的人民政府监督。

2. 村民选举委员会根据《村民委员会组织法》第 12 条的规定，村民委员会的选举，由村民选举委员会主持。村民选举委员会由主任和委员组成，由村民会议、村民代表会议或者各村民小组会议推选产生。村民选举委员会成员被提名为村民委员会成员候选人时，应当退出村民选举委员会。村民选举委员会成员退出村民选举委员会或者因其他原因出缺的，按照原推选结果依次递补，也可以另行推选。

3. 参加选举的村民根据《村民委员会组织法》第 13 条的规定，年满 18 周岁的村民，不分民族、种族、性别、职业、家庭出身、宗教信仰、教育程度、财产状况、居住期限，都有选举权和被选举权。也就是说，村民在村民委员会的选举中地位平等，都可以被选举为村民委员会委员或者参加村民委员会委员的投票。但是，依照法律被剥夺政治权利的人除外。

村民委员会选举前，应当对下列人员进行登记，列入参加选举的村民名单：(1) 户籍在本村并且在本村居住的村民；(2) 户籍在本村，不在本村居住，本人表示愿意参加选举的村民；(3) 户籍不在本村，在本村居住 1 年以上，本人申请参加选举，并且经村民会议或者村民代表会议同意参加选举的公民。

已在户籍所在村或者居住村登记参加选举的村民，不得再参加其他地方村民委员会的选举。

根据《村民委员会组织法》第 14 条的规定，登记参加选举的村民名单应当在选举日的 20 日前由村民选举委员会公布。对登记参加选举的村民名单有异议的，应当自名单公布之日起 5 日内向村民选举委员会申诉，村民选举委员会应当自收到申诉之日起 3 日内作出处理决定，并公布处理结果。

4. 村民委员会的选举程序

根据《村民委员会组织法》第 15 条的规定，选举村民委员会，由登记参加选举的村民直接提名候选人。村民提名候选人，应当从全体村民利益出发，推荐奉公守法、品行良好、公道正派、热心公益、具有一定文化水平和工作能力的村民为候选人。候选人的名额应当多于应选名额。村民选举委员会应当组织候选人与村民见面，由候选人介绍履行职责的设想，回答村民提出的问题。

选举村民委员会，由登记参加选举的村民过半数投票，选举才有效。候选人获得参加投票的村民过半数的选票，始得当选。当选人数不足应选名额的，不足的名额另行选举。另行选举的，第一次投票未当选的人员得票多的为候选人，候选人以得票多的当选，但是所得票数不得少于已投选票总数的1/3。

选举实行无记名投票、公开计票的方法，选举结果应当当场公布。选举时，应当设立秘密写票处。登记参加选举的村民，选举期间外出不能参加投票的，可以书面委托本村有选举权的近亲属代为投票。村民选举委员会应当公布委托人和受委托人的名单。

农村基层党组织与村民委员会犹如基层自治的双翼，两者的建设要同时并举，不可偏废。两个组织共同良好的建设，对于基层自治的有效进行、农民权利的保障、国家的长治久安将产生不可估量的影响。

第二部分
遵法律，守法规，远离违法警戒线

第一章 刑法知识

第一节 刑法的概念、作用、基本原则及主要内容

一、 刑法的相关概念、作用、基本原则

（一）刑法的概念

刑法是规定犯罪、刑事责任和刑罚的法律，具体些说，也就是规定哪些行为是犯罪和应该负刑事责任，并给犯罪嫌疑人刑罚处罚的法律。

刑法有广义和狭义之分。广义刑法是指一切规定犯罪、刑事责任和刑罚的法律规范的总和。它不仅仅指刑法典，还包括对刑法典中局部内容进行修改补充的决定或补充规定，如 1998 年 12 月 29 日全国人大常委会通过的《关于惩治骗购外汇、逃汇和非法买卖外汇犯罪的决定》，也包括非刑事法律中的刑事责任条款，如 1998 年 12 月 29 日全国人大常委会通过的《中华人民共和国证券法》第十一章中有 16 个条文作了“构成犯罪的，依法追究刑事责任”的规定，此外还有“证券监督管理机构工作人员进行内幕交易的，从重处罚”、“以暴力、威胁方法阻碍证券监督管理机构依法行使监督检查职权的，依法追究刑事责任”的规定。对刑法典进行局部修改补充的决定或补充规定，理论上称为单行刑法；非刑事法律中的刑事责任条款，理论上称为附属刑法。所

以，广义刑法是由刑法典、单行刑法和附属刑法组成的。

狭义刑法则仅指系统地规定犯罪、刑事责任和刑罚的刑法典。在我国，即指 1979 年 7 月 1 日第五届全国人民代表大会第二次会议通过、1997 年 3 月 14 日第八届全国人民代表大会第五次会议修订的《中华人民共和国刑法》。继 1997 年全面修订刑法后，中国先后通过一个决定和九个修正案，对刑法作出修改、补充。

与广义刑法、狭义刑法相联系的，刑法还可区分为普通刑法和特别刑法。普通刑法指具有普遍使用效力的刑法，实际上即指刑法典。特别刑法指仅使用于特定的人、时、地、事（犯罪）的刑法。在我国，也叫单行刑法和附属刑法。

（二）犯罪的特征及构成

犯罪、刑事责任和刑罚，是刑法的三个基本范畴。这三者的关系是：犯罪决定刑事责任，刑事责任决定刑罚。换句话说，没有实施犯罪，就不负刑事责任，从而也不受刑罚处罚。

1. 犯罪的特征。犯罪这种行为具有以下三个基本特征：

第一，犯罪是危害社会的行为，即具有一定的社会危害性。行为具有一定的社会危害性，是犯罪最本质最基本的特征。所谓社会危害性，也就是犯罪行为对我们社会主义社会所具有的危害性。在社会主义社会，由于人民当家作主，国家和人民的利益是完全一致的，所以讲犯罪的社会危害性，也就是指对国家和人民利益的危害性。没有社会危害性，就没有犯罪；社会危害性没有达到相当的程度，也不构成犯罪。

第二，犯罪是触犯刑律的行为，即具有刑事违法性。违法并不都是犯罪，只有违反刑法的才构成犯罪。例如盗窃、诈骗少量财物，属于违反治安管理处罚条例的行为；只有盗窃、诈骗公私财物数额较大的，才构成刑法中的盗窃罪、诈骗罪。

第三，犯罪是应受刑罚处罚的行为，即具有应受惩罚性。任何违法行为，都要承担相应的法律后果。民事违法行为要承担民事责任，如赔偿损失、返还财产、支付违约金等；对于违反刑法的犯罪行为来说，则要求承担刑罚处罚的法律后果。因此，应受刑罚处罚也是犯罪的一个基本特征。

2. 犯罪的构成要件。构成犯罪需要具备法律所规定的一系列主客观要件，这些要件称之为犯罪构成要件，这些要件的有机统一就叫作犯罪构成。任何一种犯罪的成立都必须具备四个方面的构成要件，即犯罪客体、犯罪客观方面、犯罪主体、犯罪主观方面的构成要件。

犯罪客观方面是指犯罪活动的客观外在表现，主要即指危害社会的行为及其所造成的危害结果。比如盗窃罪的客观方面表现为秘密窃取公私财物的行为，其结果是破坏了公私财产所有权关系。犯罪主体是指达到法定责任年龄、具有责任能力、实施危害社会行为的人。比如盗窃罪的主体，必须是年满 16 周岁、有责任能力的人。有的犯罪构成还要求是特殊的主体，如国家工作人员、国家机关工作人员、司法工作人员等。比如贪污罪、受贿罪，要求其主体是国家工作人员。

（三）刑事责任的概念

刑事责任是指行为人对其实施犯罪所引起的刑罚后果能提供衡量标准的、体现国家对行为人否定评价的刑事实体性义务。

刑事责任具有以下基本特征：

1. 强制性。刑事责任是一种由犯罪行为所引起的法律效应，是一种强制犯罪人向国家承担的法律责任。

2. 严厉性。刑事责任是一种性质最为严重、否定评价最为强烈、制裁后果最为严厉的法律责任。

3. 专属性。刑事责任只能由犯罪的个人和单位承担，具有专属性，不可转嫁，不能替代。

4. 准据性。刑事责任是犯罪案情事实的综合反映，也是刑法规范的现实化。刑事责任为人民法院判处刑罚提供根据和衡量标准。刑事责任一经确定，犯罪人和被害人均不能自行变更。

(四) 刑罚的概念

刑罚是对犯罪分子某种利益的剥夺，如剥夺其自由，剥夺其政治权利，剥夺其财产等。我国的刑罚分为主刑、附加刑。

主刑就是只能独立适用，不能附加于其他刑种适用的刑罚。我国刑法规定的主刑有：管制、拘役、有期徒刑、无期徒刑、死刑。

附加刑就是作为主刑的补充而附加适用，但也可以独立适用的刑罚。我国刑法规定的附加刑有：罚金、剥夺政治权利、没收财产。此外，对于犯罪的外国人，可以独立适用或者附加适用驱逐出境，这实际上也属于附加刑。

(五) 刑法的作用

刑法的作用简单来讲就是：打击犯罪，保障人权。

刑法的任务是保护合法权益，保护的主要方法是禁止和惩罚侵犯合法权益的犯罪行为。惩罚与保护密切联系：不使用惩罚手段抑止犯罪行为，就不可能保护合法权益；要保护合法权益，必须有效地惩罚各种犯罪；惩罚是手段，保护是目的。

(六) 刑罚的基本原则

我国刑法确立了三个基本原则，即罪刑法定原则、适用刑法平等原则、罪刑相适应原则。

1. 罪行法定原则

罪刑法定原则的经典表述是，“法无明文规定不为罪”，“法无明文规定不处罚”。我国刑法第 3 条明文规定了罪刑法定原则。该原则的思想基础则是民主主义与尊重人权主义：民主主义要求，什么是犯罪，对犯罪如何处罚，必须由人民群众决定，具体表现为由人民群众选举产生的立法机关来决定；尊重人权主义要求，为了保障公民的自由，必须使得公民能够事先预测自己行为的性质与后果，故什么犯罪，对犯罪如何处罚，必须在事前明文规定。

罪刑法定原则的具体要求如下：规定犯罪及其法律后果的法律必须是立法机关制定的成文法律，行政规章不得规定刑罚，习惯法不得作为刑法的渊源，判例也不应作为刑法的渊源；禁止不利于行为人的事后法（禁止溯及既往）；禁止不利于行为人的类推解释；禁止绝对的不定刑与绝对的不定期刑；刑法的处罚范围与处罚程度必须具有合理性：只能将值得刑罚科处的行为规定为犯罪，禁止将轻微危害行为当作犯罪处理，处罚程度必须适应现阶段一般人的价值观念；对犯罪及其法律后果的规定必须明确：对犯罪构成的规定必须明确，对法律后果的规定必须明确；禁止不均衡的、残虐的刑罚。

这里特别要说明的是类推解释与扩大解释的区别。一般认为，罪刑法定原则并不禁止扩大解释，但如何厘定扩大解释与类推解释的界限，则是一个难题。从形式上说，扩大解释所得出的结论，没有超出刑法用语可能具有的含义，即在刑法文字含义的“射程”之内进行解释；而类推解释所得出的结论，超出了用语可能具有的含义，即在刑法文字含义的“射程”之外进行解释。从着重点上说，扩大解释着眼于刑法规范本身，仍然是对规范的逻辑解释；类推解释着眼于刑法规范之外的事实，是对事实的比较。从实质上而言，扩大解释的结论在公民预测可能性范围之内；类推解释则超出了公民预测可能性的范围。

2. 平等原则

平等适用刑法，也即刑法面前人人平等，是指刑法规范在根据其内容应当得到适用的所有场合，都予以严格适用。刑法第 4 条明文规定了该原则。平等适用刑法，是维护合法权益的要求，是市场经济的要求，是预防犯罪的要求，是实现价值追求的要求，是作为规范的刑法本身的要求，是法治的要求。

平等适用刑法的具体要求是：对刑法所保护的合法权益予以平等的保护；对于事实犯罪的任何人，都必须严格依照法律认定犯罪；对于任何犯罪人，都必须根据其犯罪事实与法律规定量刑；对于被判处刑罚的任何人，都必须严格按照法律的规定执行刑罚。

3. 罪刑相适应原则

罪刑相适应的基本含义是，刑罚的轻重应与犯罪的轻重相适应。刑法第 5 条明文规定了这一原则。罪刑相适应，是适应人民朴素的公平意识的一种法律思想，是罪与刑的基本关系决定的，是预防犯罪的需要。

罪刑相适应原则的具体要求是：以客观行为的侵犯性与主观意识的罪过性相结合的犯罪社会危害程度，以及犯罪主体再次犯罪的危险程度，作为刑罚的尺度；换言之，刑罚既要与犯罪性质相适应，又要与犯罪情节相适应。在立法上实现罪刑相适应原则，要求注重对各种犯罪的社会危害程度的宏观预测和遏制手段的总体涉及，确定合理的刑罚体系、刑罚制度与法定刑；在量刑方面实现罪刑相适应原则，要求将量刑与定罪置于同等重要地位，强化量刑公正的执法观念，实现刑与罪的均衡协调；在行刑方面实现罪刑法定原则，要求注重犯罪人的人身危险程度的消长变化情况，合理地运用减刑、假释等制度。

二、 我国刑法规定的犯罪种类

我国刑法主要规定了十大犯罪种类，主要是：

（一）危害国家安全罪

危害国家安全罪是指故意危害中华人民共和国的主权、领土完整和安全，分裂国家，颠覆国家政权，推翻社会主义制度，危及国家安全的行为。各种具体罪名则各有其具体构成要件和特征，分别规定在《刑法》分则第1章中的12个条文里。危害中华人民共和国国家安全的犯罪行为是我国刑法中规定的危害性最大的一类犯罪，因此，《刑法》分则在第一章就对危害国家安全罪进行了规定。

1. 危害国家安全罪的特征：（1）犯罪主体：自然人，某些犯罪需要具有特定的身份。（2）主观方面：故意。（3）客观方面：12种危害国家安全的行为。（4）犯罪客体：国家安全。

2. 具体犯罪

危害国家安全罪一共包括12个具体罪名：背叛国家罪，分裂国家罪，煽动分裂国家罪，武装叛乱、暴乱罪，颠覆国家政权罪，煽动颠覆国家政权罪，资助危害国家安全犯罪活动罪，投敌叛变罪，叛逃罪，间谍罪，为境外窃取、刺探、收买、非法提供国家秘密、情报罪，资敌罪。

（二）危害公共安全罪

危害公共安全罪是指故意或者过失地实施危害不特定多数人的生命、健康或者重大公私财产安全的行为。它是《刑法》上普通刑事犯罪中危害性极大的一类犯罪。这类犯罪侵犯的客体是公共安全，它同侵犯人身权利的杀人罪、伤害罪以及侵犯财产的贪污罪、盗窃罪等有显著的不同，包含着造成不特定的多人死伤或使公私财产遭受重大损失的危险，其损失的范围和程度往往是难以预料的。这类犯罪的客观方面表现为实施各种足以危害公共安全的行为。

1. 危害公共安全罪的特征

（1）客体

客体为公共安全，即通常所说的对不特定人或多数人的生命、健康或重大财产的危险。

（2）客观方面

实施了危害不特定人或多数人的生命、健康或重大公私财产安全的行为。从行为的表现形式上看有：①以危险方法危害公共安全；②破坏公用工具、设施危害公共安全；③实施恐怖、危险活动危害公共安全；④违反枪支、弹药管理规定危害公共安全；⑤造成重大责任事故危害公共安全。

（3）犯罪主体

既有一般主体又有特殊主体。

（4）犯罪主观方面

既有故意又有过失。

关于罪过：对行为引起的结果的心理态度。

2. 种类

危害公共安全罪的《刑法》条文从第114—139条，共26个条文，有44个罪名。危害公共安全罪按其犯罪行为方式、侵害对象，可以划分为五小类犯罪：

第一类，以危险方法危害公共安全的犯罪。

第二类，破坏交通运输、公共设备危害公共安全的犯罪。

第三类，实施恐怖活动危害公共安全的犯罪。

第四类，涉及枪支、弹药、爆炸物、核材料危害公共安全的犯罪。

第五类，造成重大事故危害公共安全的犯罪。

危害公共安全罪的常见罪名主要有：放火罪，决水罪，爆炸罪，投放危险物质罪，失火罪，破坏交通工具罪，破坏交通设备罪，破坏电力、煤气或者其他易燃、易爆设备罪，破坏通信设备罪，非法制造、买卖、运输或者盗窃、抢夺枪支弹药罪，交通肇事罪，厂矿重大责任事故罪。违反危险物品管理规定肇事罪等。

（三）破坏社会主义市场经济秩序罪

破坏社会主义市场经济秩序罪是指违反国家经济管理法律规定，干扰国家对市场经济的管理活动，破坏社会主义市场经济秩序，使国民经济受到严重危害的行为。

1. 破坏社会主义市场经济秩序罪的特征：（1）本类罪侵犯的客体是社会主义市场经济秩序。（2）客观方面表现为违反国家经济管理法规、破坏国家经济管理活动、严重扰乱破坏社会主义市场经济秩序的行为。（3）犯罪主体表现为三种类型：有的只能由自然人构成，有的只能由单位构成，有的既可以由单位构成也可以由自然人构成。就自然人犯罪主体而言，大多数是一般主体，但也有少数是特殊主体。（4）主观方面：少数犯罪是过失，绝大多数犯罪是故意，在故意犯罪中，有的还以特定的犯罪目的为要件。

2. 破坏社会主义市场经济秩序罪的种类

《刑法》将破坏社会主义市场经济秩序的犯罪具体概括为八大类：（1）生产、销售伪劣商品罪，主要有：生产、销售伪劣产品罪，生产、销售假药罪，生产、销售劣药罪，生产、销售不符合标准的医用器材罪，生产、销售不符合安全标准的产品罪，生产、销售伪劣农药、兽药、化肥、种子罪，生产、销售不符合卫生标准的化妆品罪等；（2）走私罪，主要包括走私武器、弹药、核材料罪，走私假币罪，走私文物罪，走私珍贵动物、珍稀植物及其制品罪，走私淫秽物品罪，走私普通货物、物品罪等；（3）妨害对公司、企业的管理秩序罪，主要包括虚假出资、抽逃出资罪，欺诈发行股票、债券罪，提供虚假的财务报告罪，妨害清算罪，公司企业人员受贿罪，签订、履行合同失职被骗罪等；（4）

破坏金融管理秩序罪，主要包括伪造货币罪，出售、购买、运输假币罪，持有、使用假币罪，变造假币罪，伪造、变造、转让金融机构经营许可证罪，非法吸收公众存款罪，伪造、变造国家有价证券罪，伪造、变造股票、公司、企业债券罪，编造并传播证券交易虚假信息罪，非法出具金融票证罪等；（5）金融诈骗罪，主要包括集资诈骗罪、贷款诈骗罪、票据诈骗罪、信用证诈骗罪、信用卡诈骗罪、保险诈骗罪等；（6）危害税收征管罪，主要包括偷税罪、抗税罪、骗取出口退税罪、虚开增值税发票罪、非法出售增值税专用发票罪等；（7）侵犯知识产权罪，主要包括假冒注册商标罪、销售假冒注册商标的商品罪、假冒专利罪、侵犯著作权罪等；（8）扰乱市场秩序罪，主要包括损害他人商业信誉、商品声誉罪，虚假广告罪，合同诈骗罪，串通投标罪，非法转让、倒卖土地使用权罪，逃避商检罪等。

（四）侵犯公民人身权利、民主权利罪

侵犯公民人身权利、民主权利罪是指故意或者过失地侵犯他人人身权利和其他与人身权利直接有关的权利，以及非法剥夺或者妨害公民自由行使依法享有的管理国家事务和参加社会政治活动等的行为。

1. 本类犯罪具有如下特征：（1）本类犯罪侵犯的客体是公民的人身权利和民主权利。公民的人身权利是指我国法律所保护的与公民的人身不可分离的权利，它包括公民的生命权、健康权、性的不可侵犯权、人身自由权、人格名誉权以及与人身直接相关的住宅不受侵犯权等。公民的民主权利是指公民所享有的管理国家和参加正常的社会活动的权利，主要包括选举权和被选举权、控告权、申诉权、批评权、检举权等。（2）本类犯罪在客观方面表现为各种非法侵犯人身权利、其他与人身直接有关的权利以及民主权利的行为。在方式上，侵犯包括剥夺、限制、损害、破坏、阻碍等行为；在表现形式上，多数犯罪只能是作为，如强奸罪，绑架罪，拐卖妇女、儿童罪，侮辱罪，破坏选举罪等。少数几种犯罪既可表现为作为也可表现为不作为，如故意杀人罪、故意伤害罪、非法拘禁罪等。(3) 本类犯罪的主体多数只能是自然人，少数既可以是自然人也可以是单位。在以自然人为主体的犯罪中，多数为一般主体，少数为特殊主体。(4) 本类犯罪在主观方面除了过失致人死亡罪和过失致人重伤罪由过失构成外，其他罪均由故意构成，其中包括直接故意和间接故意。

2. 侵犯公民人身权利、民主权利罪的种类《刑法》分则第 4 章及《中华人民共和国刑法修正案（四）》共规定了 37 种侵犯公民人身权利、民主权利的犯罪，包括故意杀人罪，故意伤害罪，强奸罪，强制猥亵、侮辱妇女罪，非法拘禁罪，绑架罪，拐卖妇女、儿童罪，诬告陷害罪，破坏选举罪，重婚罪，过失致人死亡罪，过失致人重伤罪，猥亵儿童罪，收买被拐卖的妇女、儿童罪，聚众阻碍解救被收买的妇女、儿童罪，暴力取证罪，虐待被监管人罪，煽动民族仇恨、民族歧视罪，出版歧视、侮辱少数民族内容作品罪，非法剥夺公民宗教信仰自由罪，侵犯少数民族风俗习惯罪，侵犯通信自由罪，私自开拆、隐匿、毁弃邮件、电报罪，打击报复会计、统计人员罪，暴力干涉婚姻自由罪，遗弃罪，拐骗儿童罪等。

（五）侵犯财产罪

侵犯财产罪是指以非法占有为目的，攫取公私财物或者故意毁坏公私财物，以及故意破坏生产经营的行为。

1. 侵犯财产罪的特征

(1) 侵害的客体是公私财产的所有权。财产所有权由财产所有人依法对自己的财产的占有权、使用权、收益权和处分权四项基本权能组成。侵犯财产罪侵犯的对象是公共财产和公民私人所有权的财产。（2）客观方面表现非法占有、挪用、毁坏公私财物。侵犯财产的行为表现多种多样，但基本可以分为两大类：一是以各种手段非法占有公私财物的行为，如抢劫、抢夺、盗窃、诈骗、敲诈勒索、哄抢和侵占等；二是故意毁坏公私财物的行为。根据《刑法》规定，除了抢劫罪和破坏生活经营罪以外，侵犯财物的数额较大是构成犯罪的必要条件。如果侵犯财物数额不大、情节显著轻微、危害不大的，一般不构成犯罪。（3）主体既有一般主体，又有特殊主体。多数犯罪是一般主体，如盗窃罪、诈骗罪、抢夺罪、故意毁坏财物罪等：少数犯罪是特殊主体，要求由具备一定身份的人员构成，如职务侵占罪和挪用资金罪的主体必须是公司、企业或者其他单位的人员。（4）侵犯财产罪在主观方面必须出于故意。多数犯罪是以非法占有公私财物为目的的。

2. 侵犯财产罪的种类

侵犯财产罪是日常生活中比较常见的犯罪，也是比较多发、形式多样的犯罪，主要包括抢劫罪、抢夺罪、盗窃罪、诈骗罪、敲诈勒索罪、毁坏公私财物的犯罪等。

（六）妨害社会管理秩序罪

妨害社会管理秩序罪是指妨害国家机关的正常管理活动或者司法机关的职能活动，破坏社会秩序的行为。妨害社会管理秩序罪共有 122 种罪名，分为以下九类：

1. 扰乱公共秩序罪。包括妨害公务罪，招摇撞骗罪，非法获取国家秘密罪，非法持有国家绝密、机密文件、资料、物品罪，聚众扰乱社会秩序罪，投放虚假危险物质罪，编造、故意传播虚假恐怖信息罪，聚众冲击国家机关罪，聚众斗殴罪，寻衅滋事罪，组织、领导、参加黑社会性质组织罪，传授犯罪方法罪等。

2. 妨害司法罪。包括伪证罪，辩护人、诉讼代理人毁灭证据、伪造证据、妨害作证罪，帮助毁灭、伪造证据罪，打击报复证人罪，扰乱法庭秩序罪，窝藏、包庇罪，拒不执行判决、裁定罪，破坏监管秩序罪，脱逃罪，劫夺被押人员罪等。

3. 妨害国（边）境管理罪。包括组织他人偷越国（边）境罪，骗取国（边）境出境证件罪，提供伪造、变造的出入境证件罪，出售出入境证件罪，运送他人偷越国（边）境罪，偷越国（边）境罪，破坏界碑、界桩罪，破坏永久性测量标志罪等。

4. 妨害文物管理罪。包括故意毁损文物罪，故意毁损名胜古迹罪，过失毁损文物罪，非法向外国人出售、赠送珍贵文物罪，倒卖文物罪，非法出售、私赠文物藏品罪，抢夺、窃取国有档案罪，擅自出卖、转让国有档案罪等。

5. 妨害公共卫生罪。包括妨害传染病防治罪，传染病菌种、毒种扩散罪，妨害国境卫生检疫罪，非法组织卖血罪，强迫卖血罪，非法采集、供应血液、制作、供应血液制品罪，医疗事故罪，非法行医罪，非法进行节育手术罪，逃避动植物检疫罪等。

6. 破坏环境资源保护罪。包括重大环境污染事故罪，非法处置进口的固体废物罪，擅自进口固体废物罪，非法捕捞水产品罪，非法捕猎、杀害珍贵、濒危野生动物罪，非法狩猎罪，非法占用农用地罪，非法采矿罪，破坏性采矿罪，盗伐林木罪，滥伐林木罪，非法收购、运输盗伐、滥伐的林木罪等。

7. 走私、贩卖、运输、制造毒品罪。包括走私、贩卖、运输、制造毒品罪，非法持有毒品罪，包庇毒品犯罪分子罪，窝藏、转移、隐瞒毒品、毒赃罪，走私制毒物品罪，非法买卖制毒物品罪，非法种植毒品原植物罪，引诱、教唆欺骗他人吸毒罪，强迫他人吸毒罪等。

8. 组织、强迫、引诱、容留、介绍卖淫罪。包括组织卖淫罪，强迫卖淫罪，协助组织卖淫罪，引诱、容留、介绍卖淫罪，引诱幼女卖淫罪，传播性病罪，嫖宿幼女罪等。

9. 制作、贩卖、传播淫秽物品罪。包括制作、复制、出版、贩卖、传播淫秽物品牟利罪，为他人提供书号出版淫秽书刊罪，传播淫秽物品罪，组织播放淫秽音像制品罪，组织淫秽表演罪等。

（七）危害国防利益罪

危害国防利益罪是指危害作战和军事行动、危害国防建设、危害国防管理秩序、拒绝或者逃避履行国防义务的犯罪行为。《刑法》中关于危害国防利益罪共14条，主要涉及危害国防利益罪的概念和特征、危害国防利益罪的种类、危害国防利益罪的法定刑及其处罚原则等方面的内容。根据《刑法》第13条关于犯罪定义的规定，危害国防利益罪是指主体出于主观上的故意或者过失危害国防利益，依法应受刑罚处罚的行为。其主要特征是：①这类犯罪所侵犯的客体是国家的国防利益，这是此类犯罪所具有的最本质的特征；②这类犯罪的主体既可以是公民个人，也可以是法人，还可以是极个别的军职人员；③这类犯罪在客观上表现为行为人实施了危害国防利益的行为，如妨害军事行动、破坏或者提供不合格武器装备和军事设施、妨害军事设施保护区秩序、危害战斗力、危害兵役制度以及损害军队声誉等危害较大的行为；④这类犯罪在主观上既可以是故意，也可以是过失。至于犯罪动机则可以是各种各样的。

根据《刑法》的规定，危害国防利益罪按其所侵害的直接客体的不同，分为五个方面的犯罪，即危害国防安全方面的犯罪、危害军队作战利益方面的犯罪、危害军队战斗力方面的犯罪、危害战争动员秩序和兵役制度方面的犯罪以及损害军队声誉方面的犯罪。

（八）贪污贿赂罪

贪污贿赂罪是指国家工作人员利用职务上的便利，贪污公共财物、挪用公款、索贿、受贿以及其他贪利性的职务犯罪行为和相关的行贿、介绍贿赂等犯罪，以及由国家机关、国有公司、企业、事业单位、人民团体实施贿赂及相关的犯罪行为。

我国《刑法》分则将贪污贿赂罪归为一类，主要是从反腐败的需要出发。贪污贿赂犯罪的共同特点在于侵犯了国家的廉政建设制度，即侵犯了国家工作人员职务的廉洁性，败坏国家工作人员的声誉，损害了党和国家机关在人民群众中的威信。贪污贿赂罪是指国家工作人员或国有单位实施的贪污、受贿等侵犯国家廉政建设制度，以及与贪污、受贿犯罪密切相关的侵犯职务廉洁性的行为。惩治贪污、受贿犯罪是我国现阶段反腐败斗争的重点，在《刑法》分则中将贪污贿赂罪列为专门一章作为独立的类罪，对于加强国家的廉政建设、突出反腐败的打击重点、有效遏制职务犯罪都具有积极的意义。

根据《刑法》分则第 8 章的规定，贪污贿赂罪共有 12 个具体罪名。这 12 种犯罪可分为两类：一类是贪污犯罪，包括贪污罪、挪用公款罪、巨额财产来源不明罪、隐瞒境外存款罪、私分国有资产罪和私分罚没财产罪；另一类是贿赂犯罪，包括受贿罪、单位受贿罪、利用影响力受贿罪、行贿罪、对单位行贿罪、介绍贿赂罪、单位行贿罪。

（九）渎职罪

渎职罪是指国家机关工作人员滥用职权、玩忽职守，或者利用职权徇私舞弊，妨害国家机关正常的职能活动，致使国家和人民利益遭受重大损失的行为。

《刑法》规定渎职罪是为了保护国家机关的正常活动以及公众对国家机关工作人员职务活动客观公正性的信赖。国家机关的正常活动与公众对国家机关工作人员职务活动客观公正性的信赖密切关联。国家机关的活动是指各级国家机关执行国家职能，贯彻国家的法律、法规与政策的活动。这种活动除了必须具有合法性之外，还必须具有客观公正性，故国家机关的正常活动实际上是指合法、客观公正地执行国家机关职能的活动。国家机关的活动由国家机关工作人员具体实施，所以公众信赖国家机关工作人员职务活动的客观公正性，这种信赖又有利于国家机关工作人员客观公正地从事职务活动。但国家机关工作人员所犯的渎职罪从内部侵犯了国家机关的正常活动，也侵犯了公众对国家机关工作人员职务活动客观公正性的信赖。正因为如此，一些国家的刑法将渎职罪规定为侵犯国家法益的犯罪。

（十）军人违反职责罪

军人违反职责罪是指现役军人、执行军事任务的预备役人员和其他人员违反职责、危害国家军事利益，依照法律应当受刑罚处罚的行为。其主要包括：隐瞒、谎报军情罪，拒传、假传军令罪，投降罪，战时临阵脱逃罪，擅离、玩忽军事职守罪，阻碍执行军事职务罪，指使部属违反职责罪，拒不救援友邻部队罪，战时造谣惑众罪，战时自伤罪，战时残害居民、掠夺居民财物罪，虐待俘虏罪等。

第二节　农村中常见的刑事犯罪行为及其处罚

一、农村主要治安问题

（一）盗窃、抢劫等侵财性犯罪是影响农村社会治安的最主要因素。

虽然连年来政法部门多次联合进行专项治理和集中打击，并加强了防范措施，但盗窃案件边打边冒，仍然是影响农村稳定的突出问题。盗窃犯罪不仅直接对当事人造成重大的经济损失，而且严重影响了农业生产和农民生活，加重了农民负担。抢劫案件也频频发生，有入户抢劫的，也有利用夜色掩护在路口抢劫过往行人的，严重影响了群众安全感，不利于农村稳定发展。

（二）邻里纠纷普遍存在，包括责任田纠纷、水利纠纷、邻里口角纠纷等，因这些纠纷得不到合理解决极易引发农村社会治安问题，甚至是刑事案件。

（三）一些村霸、乡霸、市霸、地痞流氓等恶势力，欺压群众，危害一方。

有的流氓恶势力演化成带有黑社会性质的犯罪团伙，他们敲诈勒索，巧取豪夺，横行霸道，无恶不作，群众敢怒而不敢言。

（四）农村青少年犯罪成为影响农村社会治安不可忽视的因素。

在农村，部分青少年尤其是留守家庭的青少年思想空虚、是非界限模糊、道德水平较低、法制观念淡薄，他们不是将精力放在学习和工作创业上，而是沉迷网络，崇尚暴力，迷恋色情，这些青少年没有得到及时的帮教，以致走上违法犯罪的道路。

二、 农村常见刑事犯罪及处罚

在农村中，农民法律观念比较淡薄，有时候有些行为已经违法，甚至构成犯罪而不自知，合法权益受到侵害时也不懂得用法律手段保护，因此非常有必要对农村常见刑事犯罪加以介绍。

（一）故意杀人罪

故意杀人罪，是指故意非法剥夺他人生命的行为，是中国刑法中性质最恶劣的少数犯罪之一，必须从重从快严惩。

犯故意杀人的，处死刑、无期徒刑或者十年以上有期徒刑；情节较轻的，处三年以上十年以下有期徒刑。

（二）故意伤害罪

故意伤害罪是指故意非法损害他人身体的行为。

犯故意伤害他人身体的，处三年以下有期徒刑、拘役或者管制。致人重伤的，处三年以上十年以下有期徒刑；致人死亡或者以特别残忍手段致人重伤造成严重残疾的，处十年以上有期徒刑、无期徒刑或者死刑。

（三）强奸罪

强奸罪，是指违背妇女意志，使用暴力、胁迫或者其他手段，强行与妇女发生性交的行为。

犯强奸罪的，处三年以上十年以下有期徒刑。奸淫不满十四周岁的幼女的，以强奸论，从重处罚。强奸妇女、奸淫幼女，有下列情形之一的，处十年以上有期徒刑、无期徒刑或者死刑：1. 强奸妇女、奸淫幼女情节恶劣的；2. 强奸妇女、奸淫幼女多人的；3. 在公共场所当众强奸妇女的；4. 二人以上轮奸的；5. 致使被害人重伤、死亡或者造成其他严重后果的。

（四）绑架罪

绑架罪，是指为勒索财物或者其他目的，使用暴力、胁迫或者其他方法，绑架他人或者绑架他人作为人质的行为。以勒索财物为目的偷盗婴幼儿的，也构成绑架罪。

犯以勒索财物为目的绑架他人的，或者绑架他人作为人质的，处十年以上有期徒刑或者无期徒刑，并处罚金或者没收财产；情节较轻的，处五年以上十年以下有期徒刑，并处罚金。致使被绑架人死亡或者杀害被绑架人的，处死刑，并处没收财产。

（五）拐卖妇女、儿童罪

拐卖妇女儿童罪是指以出卖或收养为目的，拐骗、绑架、收买、贩卖、接送、中转妇女、儿童的行为。

犯拐卖妇女、儿童罪的，处五年以上十年以下有期徒刑，并处罚金；有下列情形之一的，处十年以上有期徒刑或者无期徒刑，并处罚金或者没收财产；情节特别严重的，处死刑，并处没收财产：1. 拐卖妇女、儿童集团的首要分子；2. 拐卖妇女、儿童三人以上的；3. 奸淫被拐卖的妇女的；4. 诱骗、强迫被拐卖的妇女卖淫或者将被拐卖的妇女卖给他人迫使其卖淫的；5. 以出卖为目的，使用暴力、胁迫或者麻醉方法绑架妇女、儿童的；6. 以出卖为目的，偷盗婴幼儿的；7. 造成被拐卖的妇女、儿童或者其亲属重伤、死亡或者其他严重后果的；8. 将妇女、儿童卖往境外的。

（六）破坏选举罪

破坏选举罪，是指在选举各级人民代表大会代表和国家机关领导人员时，以暴力、威胁、欺骗、贿赂、伪造选举文件、虚报选举票数等手段破坏选举或者妨害选民和代表自由行使选举权和被选举权，情节严重的行为。

犯破坏选举罪的，处三年以下有期徒刑、拘役或者剥夺政治权利。

（七）暴力干涉婚姻自由罪

暴力干涉婚姻自由罪，是指用暴力手段干涉他人结婚自由或离婚自由的行为。

犯暴力干涉婚姻自由罪的，处二年以下有期徒刑或者拘役；致使被害人死亡的，处二年以上七年以下有期徒刑。

（八）重婚罪

重婚罪，是指有配偶又与他人结婚或者明知他人有配偶而与之结婚的行为。

犯重婚罪的，处二年以下有期徒刑或者拘役。

（九）虐待罪

虐待罪是指对共同生活的家庭成员以打骂、捆绑、冻饿、限制自由、凌辱人格、不给治病或者强迫过度劳动等方法，从肉体上和精神上进行摧残迫害，情节恶劣的行为。

犯虐待罪的，处二年以下有期徒刑、拘役或者管制，致使被害人重伤、死亡的，处二年以上七年以下有期徒刑。

（十）遗弃罪

遗弃罪，是指对于年老、年幼、患病或者其他没有独立生活能力的人，负有扶养义务而拒绝扶养，情节恶劣的行为。

犯遗弃罪的，处五年以下有期徒刑、拘役或者管制。

（十一）拐骗儿童罪

拐骗儿童罪指以欺骗，引诱或者其他方法，使不满十四周岁的男、女儿童脱离家庭或者监护人的行为。

犯拐骗儿童罪的，处五年以下有期徒刑或者拘役。

（十二）抢劫罪

抢劫罪，是以非法占有为目的，对财物的所有人或者保管人当场使用暴力、胁迫或其他方法，强行将公私财物抢走的行为。

犯抢劫罪的，处三年以上十年以下有期徒刑，并处罚金；有下列情形之一的，处十年以上有期徒刑、无期徒刑或者死刑，并处罚金或者没收财产：1. 入户抢劫的；2. 在公共交通工具上抢劫的；3. 抢劫银行或者其他金融机构的；4. 多次抢劫或者抢劫数额巨大的；5. 抢劫致人重伤、死亡的；6. 冒充军警人员抢劫的；7. 持枪抢劫的；8. 抢劫军用物资或者抢险、救灾、救济物资的。

（十三）盗窃罪

盗窃罪是指以非法占有为目的，盗窃公私财物，数额较大的，或者多次盗窃、入户盗窃、携带凶器盗窃、扒窃的行为。

犯盗窃罪的，处三年以下有期徒刑、拘役或者管制，并处或者单处罚金；数额巨大或者有其他严重情节的，处三年以上十年以下有期徒刑，并处罚金；数额特别巨大或者有其他特别严重情节的，处十年以上有期徒刑或者无期徒刑，并处罚金或者没收财产。

第二章　行政处罚

第一节　行政处罚的相关内容

一、 行政处罚法的作用

行政处罚法是规范行政处罚的设定和实施的行政法律。行政处罚法的制定和实施，对于规范行政机关有效地依法行政，改进行政管理工作，加强廉政建设，维护社会秩序和公共利益，保护公民的合法权益，促进社会主义市场经济的健康发展，都将起到重要作用。根据《行政处罚法》第1条的规定，制定行政处罚法，其目的也在于规范行政处罚的设定和实施，保障和监督行政机关有效实施行政管理，维护公共利益和社会秩序，保护公民、法人或者其他组织的合法权益。

二、 行政处罚法的基本原则

行政处罚的基本原则包括处罚法定原则、过罚相当原则、处罚公开和公正原则、一事不再罚原则、处罚与教育相结合原则、保障相对人权利原则六项。

（一）处罚法定原则。行政处罚作为对人身自由、财产、营业以及荣誉权的侵害，自然应有法律的明确规定，才能据以处罚。行政处罚必须要有法律的根据。

（二）过罚相当原则。《行政处罚法》第7条第2款规定，设定和实施行政处罚必须以事实为根据，与违法行为的事实、性质、情节以及社会危害程度相当。因此行政处罚的实施必须在违法行为对行政管理秩序不利的影响和其所破坏的管理秩序之间加以考量。这也是行政法上比例原则的体现。

（三）处罚公开和公正原则。《行政处罚法》第4条第1款规定了处罚应遵循公开、公正原则。处罚公开原则的体现在于处罚规定的公开以及处罚程序的公开。《行政处罚法》第4条第3款规定，对违法行为给予行政处罚的规定必须公布，未经公布的，不得作为行政处罚的依据，这体现的是处罚规定的公开。

（四）一事不再罚原则。《行政处罚法》第24条规定："对当事人的同一个违法行为，不得给予两次以上罚款的行政处罚。"一事不再罚原则旨在解决实践中的多头处罚和重复处罚问题，其法理寓意在于"双重处罚之禁止"。

（五）处罚与教育相结合原则。《行政处罚法》第5条规定："实施行政处罚，纠正违法行为，应当坚持处罚与教育相结合，教育公民、法人或者其他组织自觉守法。"《行政处罚法》第27条对依法从轻或者减轻或者免予行政处罚的规定，也是处罚与教育相结合原则的体现。

（六）保障相对人权利原则。《行政处罚法》第6条规定："公民、法人或者其他组织对行政机关所给予的行政处罚，享有陈述、申辩权；对行政处罚不服的，有权依法申请行政复议或者提起行政诉讼。公民、法人或者其他组织因行政机关违法给予行政处罚受到损害的，有权依法提出赔偿要求。"这体现了保障相对人权利的原则。

三、 我国行政处罚法主要内容

《行政处罚法》共分 8 章 64 条，第一章“总则”。主要规定了制定依据、立法目的、行政处罚的原则等。第二章“行政处罚的种类和设定”。主要规定了行政处罚的种类。法律、行政法规、地方性法规、规章设定行政处罚的权限。第三章“行政处罚的实施机关”。主要规定了行政处罚必须由行政机关实施、授权组织实施处罚须在法定范围内，行政机关委托行使处罚权的条件、受委托人应具备的条件、综合执法机构的成立条件等。第四章“行政处罚的管辖和适用”。主要规定行政处罚的管辖机构、一事不再罚、受罚人的责任年龄和责任能力、从轻减轻不予处罚的情况、行政处罚与刑罚的竟合与折抵问题、行政处罚的追诉时效等。第五章“行政处罚的决定”。该章分三节，第一节“简易程序”；第二节“一般程序”，规定了行政机关的调查取证权、采取强制措施权、行政处罚决定书的形式要求及作出处罚的一般程序等；第三节“听证程序”，规定了听证程序适用的范围、听证会的组织与程序。该章还规定了公民的申辩、陈述、质证的权利。第六章“行政处罚的执行”。主要规定了起诉（复议）不停止执行制度，罚收分离制度、当场收缴罚款适用的范围、行政处罚的强制执行措施、罚没款的使用归属及对行政处罚的监督等。第七章“法制责任”。规定了违反该法规定应承担的法律责任。第八章“附则”。规定了授权国务院制定罚没分离实施的具体办法。原有行政法律规范在法定期限内达到本法要求及该法的生效时间等内容。

总的来说，行政处罚法的内容主要可概括为“设定”、“实施机关”、“程序”三大部分。

第二节　治安管理处罚

在相关处罚方面，治安管理处罚法的规定可以看作是行政处罚法的特别规定。如果治安管理处罚与行政处罚规定有不一致的地方，依照治安管理处罚法的规定执行。治安管理的执行机关是公安机关，其相关规定较行政处罚而言与我们的日常生活较为密切。

一、　治安管理处罚的程序

公安机关依法对违反治安管理的行为进行处罚的程序包括调查、决定和执行三个步骤。

（一）调查程序

调查是公安机关确定违反治安管理行为的过程。根据《治安管理处罚法》第77—88条的规定，公安机关应按照以下规定进行调查：

1. 案件受理公安机关对报案、控告、举报或者违反治安管理行为人主动投案以及其他行政主管部门、司法机关移送的违反治安管理案件，应当及时受理，并进行登记。公安机关受理报案、控告、举报、投案后，认为属于违反治安管理行为的，应当立即进行调查。认为不属于违反治安管理行为的，应当告知报案人控告人、举报人、投案人，并说明理由。

2. 取证和回避公安机关及其人民警察对治安案件的调查，应当依法进行。严禁刑讯逼供或者采用威胁、引诱、欺骗等非法手段搜集证据。以非法手段收集的证据不得作为处罚的根据。公安机关及其人民警察在办理治安案件时，对涉及的国家秘密、商业秘密或者个人隐私，应当予以保密。

回避是指办理治安案件的人民警察与案件有可能影响案件公正处理的某种关系，因而退出该案件办理的一种制度。人民警察在办理治安案件过程中，遇有下列情形之一的，应当回避：（1）是本案当事人或者当事人的近亲属的。【例】某村民因赌博被警察抓获，但是办理该案的警察是他的侄子，该警察应当回避。

（2）本人或者其近亲属与本案有利害关系的。【例】违反治安管理的村民毁坏了办案警察岳父家的祖坟，该警察应当回避。

（3）与本案当事人有其他关系，可能影响案件公正处理的。【例】违反治安管理的村民与办案警察有较深的矛盾，该警察应当回避。

3. 传唤和询问

传唤是指要求行为人到指定地点接受调查。需要传唤违反治安管理行为人接受调查的，经公安机关办案部门负责人批准，使用传唤证传唤。对现场发现的违反治安管理行为人，人民警察经出示工作证件，可以口头传唤，但应当在询问笔录中注明。公安机关应当将传唤的原因和依据告知被传唤人。对无正当理由不接受传唤或者逃避传唤的人，可以强制传唤。对违反治安管理行为人，公安机关传唤后应当及时询问查证，询问查证的时间不得超过 8 小时。情况复杂，可能适用行政拘留处罚的，询问查证的时间不得超过 24 小时。公安机关应当及时将传唤的原因和处所通知被传唤人家属。询问笔录应当交被询问人核对，对没有阅读能力的，应当向其宣读。记载有遗漏或者差错的，被询问人可以提出补充或者更正。被询问人确认笔录无误后，应当签名或者盖章，询问的人民警察也应当在笔录上签名。询问不满 16 周岁的违反治安管理行为人，应当通知其父母或者其他监护人到场。人民警察询问被侵害人或者其他证人，可以到其所在单位或者住处进行，也可以通知其到公安机关提供证言。人民警察在公安机关以外询问被侵害人或者其他证人，应当出示工作证件。

4. 检查和扣押

公安机关对与违反治安管理行为有关的场所、物品、人身可以进行检查。检查时，人民警察不得少于 2 人，并应当出示工作证件和县级以上人民政府公安机关开具的检查证明文件。对确有必要立即进行检查的，人民警察经出示工作证件，可以当场检查，但检查公民住所应当出示县级以上人民政府公安机关开具的检查证明文件。检查妇女的身体，应当由女性工作人员进行。检查的情况应当制作检查笔录，由检查人、被检查人和见证人签名或者盖章。被检查人拒绝签名的，人民警察应当在笔录上注明。

公安机关办理治安案件，对与案件有关的需要作为证据的物品，可以扣押。对与案件无关的物品，不得扣押。

（二）决定程序

1. 作出决定的机关

根据《治安管理处罚法》第 91 条的规定，治安管理处罚由县级以上人民政府公安机关决定。其中警告、500 元以下的罚款可以由公安派出所决定。

2. 处罚前的告知

根据《治安管理处罚法》第 94 条的规定，公安机关作出治安管理处罚决定前，应当告知违反治安管理行为人作出治安管理处罚的事实、理由及依据，并告知违反治安管理行为人依法享有的权利。违反治安管理行为人有权陈述和申辩。公安机关必须充分听取违反治安管理行为人的意见，对违反治安管理行为人提出的事实、理由和证据，应当进行复核。违反治安管理行为人提出的事实、理由或者证据成立的，公安机关应当采纳。公安机关不得因违反治安管理行为人的陈述、申辩而加重处罚。

3. 处罚决定

根据《治安管理处罚法》第95—96条的规定，治安案件调查结束后，公安机关应当根据不同情况，分别作出以下处理：(1) 确有依法应当给予治安管理处罚的违法行为的，根据情节轻重及具体情况，作出处罚决定。(2) 依法不予处罚的，或者违法事实不能成立的，作出不予处罚决定。【例】某村民被人举报聚众赌博，但是没有证据证明该村民有赌博行为，公安机关应作出不予处罚决定。(3) 违法行为已涉嫌犯罪的，移送主管机关依法追究刑事责任。(4) 发现违反治安管理行为人有其他违法行为的，在对违反治安管理行为作出处罚决定的同时，还要通知有关行政主管部门处理。【例】公安机关在处罚种植罂粟的违法行为人时，发现他还涉嫌偷税，此时应及时通知税务部门。

公安机关作出治安管理处罚决定的，应当制作治安管理处罚决定书。决定书应当由作出处罚决定的公安机关加盖印章。公安机关应当向被处罚人宣告治安管理处罚决定书，并当场交付被处罚人。无法当场向被处罚人宣告的，应当在2日内送达被处罚人。决定给予行政拘留处罚的，应当及时通知被处罚人的家属。有被侵害人的，公安机关应当将决定书副本抄送被侵害人。

（三）执行程序

根据《治安管理处罚法》第104条和第106条的规定，受到罚款处罚的人应当自收到处罚决定书之日起15日内，到指定的银行缴纳罚款。但是，有下列情形之一的，人民警察可以当场收缴罚款：1. 被处50元以下罚款，被处罚人对罚款无异议的；2. 在边远、水上、交通不便地区，公安机关及其人民警察作出罚款决定后，被处罚人向指定的银行缴纳罚款确有困难，经被处罚人提出的当场缴纳罚款的；3. 被处罚人在当地没有固定住所，不当场收缴事后难以执行的。

二、农村中常见的行政违法行为

农村行政违法行为数量很多，种类很多，列举起来较为困难，但总体而言以违反治安管理类型居多，这里仅列一些道路交通方面的情形以供大家参考。

（一）农民朋友经常驾驶微型面包车载亲朋好友集中出行。微型面包车车身结构强度不足，制动性能和侧倾稳定性差，若超员行驶，会影响车辆的安全性能，加之农村地区道路狭窄，陡坡、急弯较多，容易发生侧翻、刹车失灵等问题，严重时会造成群死群伤的恶性交通事故。

【法律相关规定】

《中华人民共和国道路交通安全法》：机动车载人不得超过核定的人数，客运机动车不得违反规定载货。公路客运车辆载客超过额定乘员的处二百元以上五百元以下罚款；超过额定乘员20%或违反规定载货的处二百元以上二千元以下罚款。《机动车驾驶证申领和使用规定》：驾驶营运客车（不包括公共汽车）、校车载人超过核定人数20%以上的，扣12分；超过核定人数未达20%的，或者驾驶其他载客汽车载人超过核定人数20%以上的，扣6分；超过核定人数未达20%的，扣3分。

（二）报废车辆不符合国家机动车运行安全技术条件，机械性能差、零部件老旧，操作灵活性、稳定性、制动性能等大大降低。驾驶报废车辆上路，容易出现半路熄火、刹车失灵、转向失控、爆胎等各种险情，危及驾驶人和他人的生命财产安全。农民朋友一定要到正规地点购买技术标准符合国家规定的车辆，千万不能图便宜购置报废车辆。当自家车辆达到报废标准，要严格按照报废程序进行报废处理，切勿驾驶报废车辆上路。

【法律相关规定】

《中华人民共和国道路交通安全法》：达到报废标准的机动车不得上道路行驶。驾驶拼装的机动车或者已达到报废标准的机动车上道路行驶的，公安机关交通管理部门应当予以收缴，强制报废。对驾驶前款所列机动车上道路行驶的驾驶人，处二百元以上二千元以下罚款，并吊销机动车驾驶证。出售已达到报废标准机动车的，没收违法所得，处销售金额等额的罚款，并将机动车进行强制报废。

（三）客运车辆超员后，极易因轮胎负荷过重、变形过大引发爆胎，并严重影响车辆转向和刹车性能，使车辆出现突然偏驶、制动失灵、转向失控等危险情况，导致交通事故的发生。

（四）三轮汽车、拖拉机和低速载货汽车等车辆都不是载人的交通工具，缺少对乘坐人的安全保护措施，主要用于农业生产活动，一般车身较大，重心偏高，车辆安全性能差。此类车辆在坑洼不平、陡坡等路况下行驶、转弯或掉头时，易发生侧翻，导致乘坐人员伤亡。农用车与其他车辆发生碰撞时，由于缺乏防护措施，容易导致群死群伤事故发生。

（五）货运车辆超载，会导致轮胎因负荷过重而变形甚至爆裂，还容易使车辆转向困难、刹车失灵，进而导致交通事故。

【法律相关规定】

《中华人民共和国道路交通安全法》：机动车载物应当符合核定的载质量，严禁超载；载物的长、宽、高不得违反装载要求。禁止货运机动车载客。货运机动车超过核定载质量的，处二百元以上五百元以下罚款；超过核定载质量30%或者违反规定载客的，处二百元以上二千元以下罚款。《机动车驾驶证申领和使用规定》：驾驶货车载物超过核定载质量30%以上或者违反规定载客的，扣6分；驾驶货车载物超过核定载质量未达30%的，扣3分。

（六）摩托车使用方便，是农民朋友走亲访友、上集市购物的重要交通工具，往往会承载一家老小或大量物品。由于摩托车行驶稳定性较差，若再超载人员或物品，将增大车辆负荷，改变车辆重心，使驾驶人对摩托车的操控性变差，甚至出现前轮翘起、转弯困难等险情，严重威胁驾驶人、乘坐人及路上其他交通参与者的安全。

【法律相关规定】

《中华人民共和国道路交通安全法实施条例》：摩托车载物，高度从地面起不得超过1.5米，长度不得超出车身0.2米。两轮摩托车载物宽度左右各不得超出车把0.15米；三轮摩托车载物宽度不得超过车身。摩托车后座不得乘坐未满12周岁的未成年人，轻便摩托车不得载人。驾驶摩托车不得手离车把或者在车把上悬挂物品。乘坐两轮摩托车应当正向骑坐。两轮摩托车在高速公路行驶时不得载人。

（七）烟花爆竹、汽油、油漆等是易燃易爆的危险品，带上车容易引起爆炸和火灾，造成重大人员伤亡和财产损失。为了您和他人的生命财产安全，请一定不要携带危险品乘车。

【法律相关规定】

《中华人民共和国道路交通安全法》规定：乘车人不得携带易燃易爆等危险物品，不得向车外抛洒物品，不得有影响驾驶人安全驾驶的行为。《中华人民共和国治安管理处罚法》规定：违反国家规定，制造、买卖、储存、运输、邮寄、携带、提供、处置爆炸性、毒害性、放射性、腐蚀性物质或者传染病病原体等危险物质的，处十日以上十五日以下拘留；情节较轻的，处五日以上十日以下拘留。

（八）酒后驾车是严重的违法行为。饮酒会导致驾驶人触觉能力、判断能力和操作能力降低，引起视觉障碍和身体疲劳，轻者与道路上的其他车辆和人员发生剐碰，重者危及他人和自身的生命财产安全。而摩托车稳定性差，驾驶人饮酒后出现中枢神经麻痹、视力下降、注意力不集中、身体平衡感减弱等状况，极易引发交通事故，造成车毁人亡的悲剧。切记饮酒不驾车、驾车不饮酒！

【法律相关规定】

《中华人民共和国道路交通安全法》：饮酒后驾驶机动车的，处暂扣六个月机动车驾驶证，并处一千元以上二千元以下罚款，因饮酒后驾驶机动车被处罚，再次饮酒后驾驶机动车的，处十日以下拘留，并处一千元以上二千元以下罚款，吊销机动车驾驶证。醉酒驾驶机动车的，由公安机关交通管理部门约束至酒醒，吊销机动车驾驶证，依法追究刑事责任；五年内不得重新取得机动车驾驶证。《机动车驾驶证申领和使用规定》：饮酒后驾驶机动车的一次扣12分。

第三章　依法信访

第一节　信访的作用及其形式

一、　信访的作用

所谓信访，是来信来访的简称。广义上的信访泛指公民、法人或其他社会组织运用写信或者上访等形式，向社会组织及其管理者反映情况，并由有关组织处理的活动。狭义的信访仅指以国家行政机关及各级政府作为监督和寻求救济的信访，即行政信访。依据 2005 年国务院《信访条例》第 2 条的规定："本条例所称的信访，是指公民、法人或者其他组织采用书信、电子邮件、传真、电话、走访等形式，向各级人民政府、县级以上人民政府工作部门反映情况，提出意见、建议或者投诉请求，依法由有关行政机关处理的活动。"信访的内容非常广泛，既有可能满足信访人个人或团体的利益，还有可能反映的情况、提出的建议和意见是为了国家利益和社会公共利益。

作为一项具有中国特色的制度设计，信访制度的产生有其深厚的历史渊源、文化传统和社会背景。信访制度萌芽于 1950 年成立的中央办公厅秘书室，该室的主要职能是专门处理人民群众写给中央领导同志的信件，接待上访同志，而后各级国家权力机关、党政机关、司法机关等均效仿其例，成立了信访部门。从最初信访机构的名称“秘书处”中，我们就可以看到，信访的产生乃是为了替领导人收集和传达民意。从根本上来讲，信访制度的产生更多的是为了弥补中国现行制度中民意表达渠道的缺失。正是在这样一个司法不够独立、行政不够健全导致民意流通不畅的社会中，信访制度产生了。这种特殊的民意沟通渠道，无形之中拓展了礼会的信息流通渠道，减缓了信息流量过于集中的问题。产生于权利救济与纠纷解决机制缺乏时代背景之下的信访制度数十年来，在反映群众呼声、解决群众困难、调处矛盾和纠纷方面发挥了重要作用，被认为是党和政府保持同人民群众血肉联系的重要途径，是保障人民民主权利并使国家机关及其公职人员接受人民群众监督的有效途径。

依据国务院颁布的《信访条例》中有关内容的规定，可以将信访制度的主要功能概括为：信息沟通、民主监督和权利救济。第一，信息沟通。战国时期墨子曾提出：“得天下之情则治，不得天下之情则乱。”民情民意的上传下达是维护政权合法性的重要保证。信访制度是中国公民政治参与、进行利益表达的制度性方式，也是党和政府密切联系群众，了解社情民意的一种重要的制度化渠道。人民群众的来信来访最真实最直接地反映了其对各级政府决策的具体意见和要求：这些来自民众的反馈信息是政府制定公共决策、实现科学决策的客观依据。只有充分了解基层民众的意见和要求，才能制定出有针对性的科学决策，化解矛盾，整合资源，促进发展。所以，信访制度最基本的功能，就是及时反映来自民间的各种信息。把信访工作遇到的热点、难点、重点问题进行收集、综合、分析、整理、反馈，将来自群众的呼声和要求快速传递给决策机关，作为其科学决策的依据。第二，民主监督。依据我国《宪法》第 41 条的有关规定，公民的信访权利是宪法赋予的一项政治权利，包括批评权、建议权、检举权、控告权和申诉权。这五项权利整合起来就是公民的监督权。公民通过信访渠道向各级政府信访部门反映问题、发表意见，对各项工作提出批评和建议。或参与对国家机关、企事业单位的管理和民主监督，这是他们行使民主权利，参与国家管理和社会管理的重要途径和形式。从权利属性来看，信访在相当长时期内既是公民的一项民主权利，也是公民寻求权利救济的救济权。实践表明，在信访过程中，人民群众提出的各种意见、建议和要求多数是合法、正当的，坚持过高或无礼要求的总是少数。因此，想方设法，不辞辛苦地为群众办实事，办好事，排其忧，解其难，是信访制度最经常、最实际也是最具体的功能。

二、 信访的形式

（一）去信与上访

信访有两种基本的形式：去信和上访。这两种形式在实现救济的效果上差别甚大。去信所付出的成本很低，但获得救济的可能性也很小；而上访虽然大大增加了救济成本，但也提高了获得救济的可能性。

（二）一次上访与重复上访

一般而言，一次上访就获得救济的几率是极小的；为最终获得救济，耗费好几年、上访数十次、行程几千里是非常普遍的情况。如果问题不是严重到了非解决不可的地步，行政相对人是不会愿意承受这种反复上访的成本的。能够在拖延中坚持下来的上访，才有可能被行政主体作为确需解决的问题。也就是说，行政相对人要想获得救济，常常需要付出较高的上访成本。

（三）逐级上访与越级上访

信访制度从诞生至今都强调其宗旨是要密切人民政府与人民群众的联系。实际上，基层政府与群众的联系天然就是最紧密的，但基层政府也恰恰是最容易直接侵害群众权利的行政主体。如果国家将上访主要限制在基层政府的层面，那么，不仅落实密切联系群众的宗旨显得必要性不大，而且也会由于基层盘根错节的关系而使行政相对人难以获得救济。事实上，所谓密切政府与群众的联系，更重要的内涵是密切高层政府与群众的联系。因为随着科层制层阶的增多，每个层阶的官僚主义会相互叠加。这样，高层政府特别是中央政府与群众的联系就会变得相当薄弱。允许越级上访不仅是科层制治理的一种补充形式，是高层政府跨越官僚主义这个障碍物获取信息、监督基层的一种方式，而且也是人民民主的一种实现形式，是政权合法性再生产的一种手段。因此，国家一般并不要求严格执行逐级上访，不过，如果出现了过多的越级上访，不仅会使高层不堪重负，而且省城和首都等重要城市的治安秩序及安居乐业的形象都会受到威胁，因此，国家又明令不提倡越级上访尤其是进京上访，要求基层政府尽量不把矛盾上交，将问题解决在基层。

（四）个人上访与集体上访

在个人上访中，是上访者与国家面对面的关系，是上访者直接找他可以信任的政府申冤诉苦的行为。而在集体上访中，参与上访者与国家的关系是通过上访代表甚或上访组织建立起来的。从理论上说，上访行为本身是对政府信任的一种表现，但在集体上访中，这种信任对参与上访者来说是首先通过对上访代表或上访组织的信任来表达的。在国家看来，既然中央与群众之间都常常被各级科层组织所滋生出来的官僚主义所阻隔，那么，集体上访中出现的自发组织就更有变质或“被别有居心的人利用”的危险。如果说上访原来是为了防止人民内部矛盾的积累、升级和转化的话，那么，集体上访中就恰恰埋藏着这种令人不安的因子。因此，集体上访就处于既不便被强行禁止（因为它毕竟是一种常规的上访形式），但又受到高度警惕的尴尬境地。

还有一种特殊的集体上访，即越级（尤其是进京）集体上访。这种上访集合了越级上访和集体上访的种种危险因子，可以说是国家保持警惕性最高的一种上访。如前所述，高层一般不对正常的集体上访采取简单压制的手段，而是对集体上访采取不提倡、不赞成的冷处理态度。但与此同时，高层常常会加大对基层的压力，要求基层千方百计防止越级尤其是进京集体上访的发生，一旦发生了，则要求基层尽快将上访者领回当地去处理。因此，通过这种上访形式获得救济的可能性并不一定高于一般的越级上访或集体上访。

（五）正常上访与异常上访

相对司法救济而言，上访是一种非常规的救济方式。但上访本身又可分为正常上访与异常上访。上访的正常与异常区分主要看上访是否严格按照规定的信访程序到信访部门上访。

从县级政府到中央政府，都设有专门的信访部门。从理论上说，信访部门是受理上访的专门机构。但信访部门在现在的科层体制中却处在一个比较尴尬的地位：任务重而人手少，牵涉广而权力小。不少地方的党政领导对于信访部门的工作是“说起来重要，做起来次要，忙起来不要”。看起来信访部门什么事情都要管，但经常是许多事情都管不了，它更像是一个信息中转站和一道情绪安全阀，具体问题最后如何处理仍取决于批转对象（相关部门的领导或下级政府的党政领导）和上呈对象（上级党政领导）。因此，尽管信访部门是受理上访的常规机构，但能否获得救济的关键却取决于一般不直接受理上访（除非是在专门的领导接待日）的某级政府的主要党政领导。许多行政相对人对这一点都心知肚明，于是，他们在上访时就把重点直接对准了政府的主要党政领导，其采用的手法有些类似于古代直诉中的“邀车驾”，想方设法截住党政领导诉苦求情，要求解决问题。行政相对人拦截党政领导的做法可能有效，即领导也许为情所动或急于脱身而承诺解决问题。但更可能被党政领导纳入常规化的管理渠道，即让信访部门或相关部门来收拾局面。一般说来，这种上访虽属非常规的做法，但还不会为上访者招来太大的麻烦，因为这最多给领导短暂地带来一些麻烦，尚不会危及社会秩序。而下面这种情况就有所不同了。

有些群众在屡屡采用正常上访无效的情况下，可能开始采取某些边缘性的、轻微的干扰手段，包括到政府门前静坐、下跪，在政府召开重要政治会议时进行集体上访。到具有重要象征意义的公共场合打出求助的横幅，等等。这些手段如果运用得非常有分寸的话，也可能相当见效，因为它们触到了政府的痛处，同时，它们又尚未明确跨越法律的界限。为此，政府也有可能采取“开口子”的方式来解决上访者所要求的问题，以迅速缓解紧张的局面。但是这些手段也可能非常危险，因为它们在运用中很可能失控或被认定为“闹事”。故而，行政主体就可以用冲击办公秩序、扰乱社会治安、破坏公共交通等罪名将上访组织者交付行政、司法机关处理。因此，这种异常信访常常形同玩火，一般不为人所用。

第二节　理性上访、依法上访

相对于诉讼而言，信访有时确实是比较有效率而且能够解决一些实际问题。这也就难免使得一部分群众有“信访不信法”的做法。但是信访、上访都要依照国家的法律与相关规定进行，不要违法上访，更不能长期以上访为业而置生产、生活于不顾，更不能在上访解决不了实际问题以后有过激甚至是违法犯罪的行为。

在信访群体中，还存在有一部分职业访民。职业访民的出现，受伤害最直接的，莫过于真正有诉求的人民群众。职业访民闹事，冲击的是正常的信访秩序，扰乱的是媒体视线，亵渎的是社会同情心，浪费的是行政资源，到头来就会影响到真正有诉求、需要帮助的人民群众的正当权利。

利用职业访民闹事施压，也是对法治的巨大伤害。现在一些所谓的“维权”律师，不把心思放在研究法律条文上，不把精力花在法庭辩论中，而是费尽心思在庭外做手脚、造声势，企图引起舆论审判、给政府施压。这不仅是对司法秩序的干扰，也是对法治建设的破坏。

第三部分
日常生活无小事，
了解规则用处大

第一章　农村生活中土地管理、宅基地、不动产登记、拆迁及补偿

第一节　土地管理

一、　土地管理的含义

我国关于土地管理的法律与行政法规主要是《中华人民共和国土地管理法（以下简称《土地管理法》）和《中华人民共和国土地管理法实施条例》(以下简称《土地管理法实施条例》)。根据《土地管理法》第 3—4 条的规定，十分珍惜、合理利用土地和切实保护耕地是我国的基本国策。国家编制土地利用总体规划，规定土地用途，将土地分为农用地、建设用地和未利用地。严格限制农用地转为建设用地，控制建设用地总量，对耕地实行特殊保护。

农用地是指直接用于农业生产的土地，包括耕地、林地、草地、农田水利用地、养殖水面等。建设用地是指建造建筑物、构筑物的土地，包括城乡住宅和公共设施用地、工矿用地、交通水利设施用地、旅游用地、军事设施用地等。未利用地是指农用地和建设用地以外的土地，如荒漠等。

二、土地的所有权和使用权

《土地管理法》第二章和《土地管理法实施条例》第二章规定了土地所有权和使用权。中华人民共和国实行土地的社会主义公有制，即全民所有制和劳动群众集体所有制。任何单位和个人不得侵占、买卖或者以其他形式非法转让土地。土地使用权可以依法转让。

1. 国家土地所有权

国家所有土地的所有权由国务院代表国家行使。下列土地属于国家所有：

（1）城市市区的土地。

（2）农村和城市郊区中已经依法没收、征收、征购为国有的土地。没收是指强制收归国有，如没收地主的土地。征收、征购是按照法定程序，给予补偿款或者支付价款后将土地收归国有。

（3）国家依法征用的土地。这里的征用可以理解为国家按照法定程序将土地收归国家使用。

（4）依法不属于集体所有的林地、草地、荒地、滩涂及其他土地。

（5）农村集体经济组织全部成员转为城镇居民的，原属于其成员集体所有的土地。

（6）因国家组织移民或自然灾害等原因，农民成建制地集体迁移后不再使用的原属于迁移农民集体所有的土地。

2. 集体土地所有权

农村和城市郊区的土地，除由法律规定属于国家所有的以外，属于农民集体所有。宅基地、自留地和自留山，属于农民集体所有。农民集体所有的土地依法属于村农民集体所有的，由村集体经济组织或者村民委员会经营、管理。已经分别属于村内两个以上农村集体经济组织的农民集体所有的，由村内各该农村集体经济组织或者村民小组经营、管理。已经属于乡（镇）农民集体所有的，由乡（镇）农村集体经济组织经营、管理。农民集体所有的土地，由县级人民政府登记造册，核发证书，确认所有权。

3. 土地使用权

国有土地和农民集体所有的土地，可以依法确定给单位或者个人使用。使用土地的单位和个人，有保护、管理和合理利用土地的义务。农民集体所有的土地由本集体经济组织的成员承包经营，从事种植业、林业、畜牧业、渔业生产。农民集体所有的土地，可以由本集体经济组织以外的单位或者个人承包经营，从事种植业、林业、畜牧业、渔业生产。国有土地可以由单位或者个人承包经营，从事种植业、林业、畜牧业、渔业生产。农民集体所有的土地依法用于非农业建设的，由县级人民政府登记造册，核发证书，确认建设用地使用权。单位和个人依法使用的国有土地，由县级以上人民政府登记造册，核发证书，确认使用权。

三、 集体土地所有权的登记

集体土地所有权登记分为两种：初始登记和变更登记。农村集体刚获得土地所有权的，应当办理初始登记；农村集体土地所有权发生变化的，应当办理变更登记。

在办理集体土地所有权登记时。要注意下列问题：

（1）有权申请办理所有权登记的是集体土地的所有者，即农村集体，具体包括村农民集体、村以下农村集体经济组织和乡镇农民集体。

（2）有权办理集体土地所有权登记的是县级以上人民政府土地行政主管部门，由其颁发集体土地所有权证书。集体土地所有权证书是农村集体享有土地所有权的证明。

（3）农民集体所有的土地依法改变土地用途的，如依法变为非农业用地的，必须向土地所在地的县级以上人民政府土地行政主管部门提出土地变更申请，由原土地登记机关依法进行变更登记，核发集体土地使用权证书。由于种种原因，我国土地的登记发证工作进行得并不顺利，目前全国大部分地区尚未颁发集体土地所有权证书，这也是造成土地权属纠纷的一个重要原因。

（4）根据我国《物权法》的规定，除国家所有的自然资源的所有权不需要登记外，其余不动产物权的产生、设立、转让和消灭，都应当到有关部门办理登记。土地作为不动产，其物权变动也应当办理登记，经过了登记的权利受法律的保护，任何单位和个人不得干涉。通过土地登记，可以明确土地关系，了解土地归谁所有，也是处理土地权属争议和土地纠纷的重要依据。

四、 集体土地使用权的限制

集体土地所有权的行使受到法律和政府管理的限制：

（1）集体所有的土地不能直接用于房地产开发。若用于房地产开发必须先由国家征收转变为国有土地后，再出让给房地产开发商或者划拨给具备规定条件的单位。

（2）集体所有的土地也不能转让、出让、出租用于非农业建设。作为自然资源的土地，在土地法中强调的是用途管理，土地分为三类：农用地、建设用地、未利用土地。“切实保护耕地、农用地，严格控制农用地转为建设用地，合理开发未利用地”是土地法的基本精神。集体所有的土地一般用途是农业生产，所以不能转让、出让、出租用于非农业建设。

（3）集体土地所有者不能擅自改变土地用途，其向用地者提供土地使用权，须经人民政府批准。

在行使集体土地所有权时应注意以下问题：

（1）行使集体土地所有权的主体是分散的。同国家土地所有权不同，国家土地所有权有一个全国范围内的同一主体，即由国务院代表国家行使，而集体所有的土地属于各级劳动群众所有。

（2）集体土地所有权不得转让。根据《宪法》第 10 条和《物权法》第 42 条的规定，国家可以征收集体所有的土地，但征收的目的必须是基于公共利益的需要，在征收程序上必须符合法定的条件和程序。集体土地所有权只能通过此种方式转让给国家，禁止以其他形式转让给其他主体。

（3）集体所有的土地不得出让。集体土地只有先通过依法征用转变为国有土地后才能出让。

（4）集体所有的土地的用途有严格的限制。根据《土地管理法》第 43 条和第 63 条的规定，集体所有的土地只能用于农业生产或农民宅基地和兴办乡镇企业等与集体密切相关的建设。

（5）地表或地下的矿产资源属于国家所有，不因其依附土地的所有权或者使用权不同而改变，这就意味着集体土地的地表或者地下的矿产资源一律属于国家所有，这是法律对集体土地所有权范围的限制。

五、 耕地

（一）耕地

根据《土地管理法》和国土资源部颁布的《土地分类》的规定，耕地是指种植农作物的土地，包括熟地、新开发整理复垦地、休闲地、轮歇地、草田轮作地；以种植农作物为主，间有零星果树、桑树或其他树木的土地；平均每年能保证收获一季的已垦滩地和海涂。耕地中还包括南方宽小于一米，北方宽小于两米的沟、渠、路和田埂。耕地又可分为五种：

1. 灌溉水田，指有水源保证和灌溉设施，在一般年景能正常灌溉，用于种植水生作物的耕地，包括灌溉的水旱轮作地。

2. 望天收，指无灌溉设施，主要依靠天然降雨，用于种植水生作物的耕地，包括无灌溉设施的水旱轮作地。

3. 水浇地，指水田、菜地以外，有水源保证和灌溉设施，在一般年景能正常灌溉的耕地。

4. 旱地，指无灌溉设施，靠天然降水种植旱作物的耕地，包括没有灌溉设施，仅靠引洪淤灌的耕地。

5. 菜地，指常年种植蔬菜为主的耕地，包括大棚用地。

（二）保护耕地的规定

《基本农田保护条例》对保护耕地有如下规定：

1. 《基本农田保护条例》规定，有下列行为之一的，依照《中华人民共和国土地管理法》和《中华人民共和国土地管理法实施条例》的有关规定，从重给予处罚：

（1）未经批准或者采取欺骗手段骗取批准，非法占用基本农田的。

（2）超过批准数量，非法占用基本农田的。

（3）非法批准占用基本农田的。

（4）买卖或者以其他形式非法转让基本农田的。

2. 应当将耕地划入基本农田保护区而不划入的，由上一级人民政府责令限期改正；拒不改正的，对直接负责的主管人员和其他直接责任人员依法给予行政处分或者纪律处分。

3. 破坏或者擅自改变基本农田保护区标志的，由县级以上单位给予处罚：

（1）任何单位和个人不得在基本农田保护区内建窑、建房、建坟、挖砂、采石、采矿、取土、堆放固体废弃物或者进行其他破坏基本农田的活动。

（2）任何单位和个人不得占用基本农田发展林果业和挖塘养鱼。

（3）任何单位和个人不得闲置、荒芜基本农田。经国务院批准的重点建设项目占用基本农田的，满一年不使用而又可以耕种并收获的，应当由原耕种该幅基本农田的集体或者个人恢复耕种，也可以由用地单位组织耕种；一年以上未动工建设的，应当按照省、自治区、直辖市的规定缴纳闲置费；连续两年未使用的，经国务院批准，由县级以上人民政府无偿收回用地单位的土地使用权；该幅土地原为农民集体所有的，应当交由原农村集体经济组织恢复耕种，重新划入基本农田保护区。

（4）承包经营基本农田的单位或者个人连续两年弃耕抛荒的，原发包单位应当终止承包合同，收回发包的基本农田。

第二节　农村宅基地

一、农村宅基地使用权及其特征

宅基地使用权是指农村集体经济组织的成员依法享有的在农民集体所有的土地上建造住宅及其附属设施以供居住的权利。

《物权法》第 152 条规定：“宅基地使用权人依法对集体所有的土地享有占有和使用的权利，有权依法利用该土地建造住宅及其附属设施”。宅基地使用权具有以下特征：

（一）宅基地使用权的主体只能是农村集体经济组织的成员。宅基地通常是与成员权联系在一起的，只能是本集体经济组织的成员，集体经济组织以外的人员则不能享有这种权利。城镇居民不得购置宅基地，除非其依法将户口迁入该集体经济组织，这就说明了农村宅基地使用权主体的限定性。

（二）宅基地使用权的用途仅限于村民建造个人住宅及其附属设施：个人住宅包括住房以及与村民居住生活有关的附属设施，如厨房、院墙等。当然还可以建造牲畜的棚舍，但不可以建设商用设施或工厂之类的。《土地管理法》第62条第2款规定："农村村民建住宅，应符合乡（镇）土地利用总体规划，并尽量使用原有的宅基地和村内空闲地。"

（三）宅基地使用权实行严格的"一户一宅"制。根据《土地管理法》第62条第1款规定："农村村民一户只能拥有一处宅基地，其面积不得超过省、自治区、直辖市规定的标准。"国土资源部在2004年11月下发的《关于加强农村宅基地管理的意见》中强调，要坚决贯彻"一户一宅"的法律规定，农村村民将原有住房出卖、出租或赠与他人后，再申请宅基地的，不得批准。

（四）宅基地使用权的初始取得是无偿的。农村宅基地使用权的取得是无偿的，是国家给农民的一种福利。只要符合法定的申请条件，就可以取得宅基地使用权，而且使用权人不需要支付使用费。

二、宅基地使用权的取得

根据《物权法》第153条的规定，宅基地使用权的取得，适用《土地管理法》等法律和国家有关规定。根据《土地管理法》第62条第3款规定，农村村民住宅用地，经乡（镇）人民政府审核，由县级人民政府批准，但如果涉及占有农用地的，应依照《土地管理法》的有关规定办理审批手续。

三、 宅基地使用权的内容

（一）宅基地使用权人的权利

1. 有权依法利用宅基地建造住宅及其附属设施。如宅基地使用权人在宅基地上建造住宅，以及厕所、猪圈、鸡舍等配套设施，也包括在宅基地上种植竹木和蔬菜等。

2. 依法转让宅基地。宅基地使用权人有权将宅基地使用权依法转移给其他公民、法人及其他组织。根据《物权法》第 153 条的规定，宅基地使用权的转让，适用土地管理法等法律和国家有关规定。转让包括出售、交换、赠予、继承等方式，基于宅基地的特殊性，法律应当严格限定受让主体，应当将房屋及宅基地使用权转让给本集体经济组织内符合申请宅基地条件的，转让人转让房屋及其宅基地使用权的，转让房屋及宅基地使用权后，宅基地使用权主体发生变化，并涉及受让人取得新的宅基地，故应当依法办理转让登记手续。

（二）宅基地使用权人的义务

1. 接受政府和乡村统一规划。因国家、集体统一规划需要变更宅基地时，宅基地使用权人不得阻挠，但是因变更宅基地给使用权人造成困难或损失时，应依法给予补偿。

2. 按照规定用途使用宅基地。农村宅基地是用来建造房屋供作居住的，使用权人必须按照规定的用途来使用宅基地，不得随意变更宅基地的用途。另外，宅基地使用权人必须在规定的期限内在宅基地上建造房屋，否则土地所有权人有权收回宅基地使用权。

3. 无偿且永久使用权。农村宅基地使用权属于无偿使用，且没有时间限制，只要属于本集体经济组织成员的身份不变，就可以无偿使用。只有在符合《土地管理法》第 65 条规定的特殊情况时，在经过原批准用地的人民政府批准后，可以收回宅基地使用权。

四、宅基地使用权的消灭

宅基地使用权的消灭原因主要有：

1. 宅基地被收回或者征收。《土地管理法》第 65 条规定："有下列情形之一的，农村集体经济组织报经原批准用地的人民政府批准，可以收回土地使用权：（一）为乡（镇）村公共设施和公益事业建设，需要使用土地的；（二）不按照批准的用途使用土地的；（三）因撤销、迁移等原因而停止使用土地的。依照前款第（一）项规定收回农民集体所有的土地的，对土地使用权人应当给予适当补偿。"

2. 宅基地的抛弃。宅基地使用权人转让、出租其宅基地上的住宅及其附属设施的，导致宅基地使用权消灭。《土地管理法》第 62 条第 4 款规定："农村村民出卖、出租住房后，再申请宅基地的，不予批准。"

3. 宅基地的灭失。《物权法》第 154 条规定："宅基地因自然灾害等原因灭失的，宅基地使用权消灭。对失去宅基地的村民，应当重新分配宅基地。"第 155 条规定："已经登记的宅基地使用权转让或者消灭的，应当及时办理变更登记或者注销登记。"

五、农村宅基地需要注意的问题

（一）农村村民一户可以拥有几处宅基地吗？

我国农村村民一户只能拥有一处宅基地，这是有法可依的，《土地管理法》第 62 条规定："农村村民一户只能拥有一处宅基地"。国土资源部《关于加强农村宅基地管理的意见》第 5 项还规定："严格宅基地申请条件。坚决贯彻'一户一宅'的法律规定。农村村民1户只能拥有1处宅基地，面积不得超过省（区、市）规定的标准。各地应结合本地实际，制定统一的农村宅基地面积标准和宅基地申请条件。不符合申请条件的不得批准宅基地”。一处宅基地，是指村民一户所拥有的宅基地是一块整地，而不是分布在村集体土地不同位置上的两处土地。如果分布于不同位置的两处土地，那就是两处地了，显然是违背法律规定的。

拥有一处宅基地的主体是指农村村民的“一户”。是否为一户，应根据户籍管理的户口本来判断。也就是说，如果在户口本上登记的是一家人，那么该户口本所登记的家庭就属于一户，该户当然只能拥有一处宅基地了。当然，如果子女已经长大成人并已成家，在分户后不够居住，就可以另行申请宅基地，这是在法律允许的范围之内的，可以参照当地具体规定，如《北京市实施〈中华人民共和国土地管理法〉办法》第39条之规定：“农村村民的子女达到法定结婚年龄，无房分居，现有宅基地又无法扩建的，方可申请宅基地办理。”

（二）农村村民申请宅基地的面积是否不受限制？

农村村民申请宅基地的面积有具体的标准，不是可以任意申请占地面积不受限制的。《土地管理法》第62条规定：“农村村民宅基地的面积不得超过省、自治区、直辖市规定的标准。”由此可见，根据各省市地区的不同，农村村民申请宅基地面积的限制也是有所不同的。下面是北京市及广东省各自规定的情况：

《北京市实施〈中华人民共和国土地管理法〉办法》第40条规定：“农村村民宅基地的标准，近郊区以及远郊区人多地少的地区，每户不得超过0.25亩，其他地区每户不得超过0.3亩。具体标准由区、县人民政府规定。”《广东省实施〈中华人民共和国土地管理法〉办法》第36条规定：“农村村民一户只能拥有一处宅基地，新批准宅基地的面积按如下标准执行：平原地区和城市郊区 80 平方米以下；丘陵地区 120 平方米以下；山区 150 平方米以下。有条件的地区，应当充分利用荒坡地作为宅基地，推广农民公寓式住宅。”

（三）城镇居民可否在农村购买宅基地？

《宪法》第 10 条第 4 款规定：“任何组织或者个人不得侵占、买卖或者以其他形式非法转让土地。土地的使用权可以依照法律的规定转让。”宅基地是村民集体所有的土地，而按照我国现行的法律规定，只有国有土地才可以在市场上流通和交易。要想集体土地进入流通领域，则必须先将集体土地征用，变成国有土地，改变了土地的性质之后才能够流通。

城镇居民购买农村的宅基地显然是违法的。国土资源部在《关于加强农村宅基地管理的意见》第十三项规定：“严格日常监管制度。各地要进一步健全和完善动态巡查制度，切实加强农村村民住宅建设用地的日常监管，及时发现和制止各类土地违法行为。要重点加强城乡结合部地区农村宅基地的监督管理。严禁城镇居民在农村购置宅基地……”因此，从政府的态度看，是严禁城镇居民购买农村宅基地的。如果发现城镇居民购买宅基地，政府不仅会对当事人作出一定的处罚，而且购买宅基地的一方也是不可能拿到宅基地使用证的。因为，政府根本不会向城镇居民发放农村宅基地使用证，这种交易本身就是违法的。

（四）宅基地是否可以继承？

《中华人民共和国继承法》第 3 条规定：“遗产是公民死亡时遗留的个人合法财产。”可是农村宅基地的使用权不是一般的“合法财产”，它有自己的特殊性。这表现在：

1. 宅基地使用权具有很强的人身依附性

通常情况下，必须是具有农村集体经济组织成员资格的人才能取得宅基地使用权。某个人一旦失去了集体经济组织成员的资格，那么他也就自然而然地失去了原有宅基地的使用权，不产生在不同农民个体之间的流转，即不可以继承。

2. 设定农村宅基地使用权的初衷，主要是为了保障每户农民的居住需求，具有社会保障功能。如果允许继承，祖祖辈辈无穷无尽地继承下去，将导致宅基地无限扩大，这就大大违背了《土地管理法》关于村民一户只能拥有一处宅基地的有关规定。而根据各省市的法规规定，村民每户拥有宅基地的面积是有限制的，如果超过本省市规定的标准，一般应当归还给村集体经济组织。因此，农村宅基地不是遗产，从法律上讲是不可以继承的。但是，在特殊情况下也有例外，根据“地随房走”的原则，继承人对地上物的继承，即对宅基地上所造房屋的继承将会导致其对宅基地的继承。也就是说，如果继承人继承了房屋，就可以合理合法地继续使用房屋了，村集体经济组织是不会强行要求你拆除房屋将宅基地给腾退出来的。对于这种难解的矛盾，国家也制定了相关政策。根据《确定土地所有权和使用权的若干规定》第49条规定：“接受转让、购买房屋取得的宅基地，与原有宅基地合计面积超过当地政府规定标准，按照有关规定处理后允许继续使用的，可暂时确定其集体土地使用建设用地使用权。继承房屋取得的宅基地，可确定集体土地建设用地使用权。”同时《确定土地所有权和使用权的若干规定》第51条规定，对于上述确定农村居民宅基地集体土地建设用地使用权时，其面积超过当地政府规定标准的，可在土地登记卡和土地证书内注明超过标准面积的数量。以后分户建房或现有房屋拆迁、改建、翻建或政府依法实施规划重新建设时，按当地政府规定的面积标准重新确定使用权，对于那些超过标准的部分要退还集体。

（五）农村集体经济组织可以将哪些宅基地收回？农村村民未经批准或者采取欺骗手段骗取批准非法占用土地建住宅的应如

何处罚？

根据《确定土地所有权和使用权的若干规定》第 52 条的规定，农村集体经济组织可以将宅基地收回的情况是：1. 空闲宅基地；2. 房屋坍塌两年以上未恢复使用的宅基地；3. 房屋被拆除两年以上未恢复使用的宅基地。上述土地不再确定宅基地使用权的，直接由集体经济组织收回。但如果已经被确定集体土地使用权的，应该由集体报经县级人民政府批准，注销其土地登记，然后才可以收回上述宅基地。

根据《土地管理法》第 77 条的规定，农村村民未经批准或者采取欺骗手段骗取批准，非法占用土地建住宅的，由县级以上人民政府土地行政主管部门责令退还非法占用的土地，限期拆除在非法占用的土地上新建的房屋。超过省、自治区、直辖市规定的标准，多占的土地以非法占用土地论处。

第三节　不动产登记

农村中最重要的不动产就是房屋和土地，因此这里的不动产登记主要以土地和房屋为例。

一、 登记制度

人们的日常生活中，常常经历各种类型的登记，如户口登记、学籍登记、税务登记、结婚登记、股权登记等。所谓登记，是指按照国家规定的法律制度对人们某项权益进行注册以取得法律保障的过程。

正如结婚登记是一对夫妻的婚姻得到法律的许可和保护不可缺少的程序或者手续，土地和房屋登记是国家依照法律规定对土地和房屋进行注册登记，以保证土地和房屋权利人权益的行为。

土地和房屋登记的内容是土地和房屋的各种信息，包括位置、类别、数量、质量、权属、用途等，登记的成果即形成土地和房屋产权产籍簿册。

二、 土地和房屋登记的含义和目的

（一）土地和房屋登记的概念

土地登记是指国家依法对国有土地使用权、集体土地所有权、集体土地使用权和土地他项权利进行登记。房屋登记指房地产行政主管部门代表政府对房屋所有权以及由上述权利产生的抵押权、典权等房屋他项权利进行登记，并依法确认房屋产权归属关系的行为。

土地和房屋登记有两种不同的模式：

1. 从政府管理的角度进行登记。土地和房屋登记是国家依照法定程序将土地房屋的权属关系、用途、面积、使用条件、等级、价值等进行统一记录的过程。它是政府对土地和房屋实行有效管理，保护权利人对土地和房屋合法权益的一项重要法律制度。

2. 从土地和房屋权利人的角度进行登记。土地和房屋登记是指土地和房屋权利人或土地和房屋权利变动当事人按照法律的规定，向国家主管机关提交申请书及有关的产权证书、协议书（或让与书）、契证，要求登载记录土地和房屋权利或权利变动事项，该机关经审查确认无误后，将土地和房屋的权利或权利变动事项记载于国家土地登记册上的法律过程。

（二）土地和房屋登记的目的和意义

土地和房屋位置固定，不可移动。土地和房屋交易的对象实质上不限于土地房屋本身，还包括相关的各种权利。此外，土地房屋还有价值大、用途重要，对权利人乃至整个社会关系重大的特点。鉴于以上特点，要求国家必须采取一种稳妥、有效的制度，来保护土地和房屋正常的财产归属和利用关系，维护土地和房屋市场交易的正常秩序。这种稳妥、有效的措施就是把土地和房屋的每一项权利及其变动事项都记载到国家专门的簿册上，即实施土地和房屋登记制度。历史上实施土地登记主要目的是为了课税。现代土地和房屋登记的根本目的在于确认土地权属，赋予土地和房屋产权以法律效力，维护土地社会主义公有制，保护土地和房屋权利人的合法权益，维护土地和房屋市场交易秩序，为合理有效地管理和利用土地房屋提供依据。

因此，出于权利保护的目的，在不动产能够登记的情况下，我们一定要积极进行登记制度。

第四节　拆迁及补偿

一、农村拆迁占地补偿办法

（一）国家建设征地补偿

因国家建设需要征用农村土地的，应依法支付土地补偿费、土地附着物青苗补助费、安置补助等费用。

1. 土地补偿费

国家建设征用土地，由用地单位支付土地补偿费。征用耕地的补偿费，为该耕地被征用前 3 年平均年产值的 3 至 6 倍。征用其他土地的补偿费标准，由省、自治区、直辖市参照征用耕地的补偿费标准规定。

2. 青苗补偿费

被征用土地上的附着物和青苗的补偿标准，由省、自治区、直辖市规定。

征用城市郊区的菜地，用地单位应当按照国家有关规定缴纳新菜地开发建设基金。

3. 安置补助费

征用耕地的安置补助费，按照需要安置的农业人口数计算。需要安置的农业人口数，按照被征用的耕地数量除以征地前被征地单位平均每人占有耕地的数量计算。每一个需要安置的农业人口的安置补助费标准，为该耕地被征用前3年平均每亩年产值的2至3倍。但是，每亩被征用耕地的安置补助费，最高不得超过被征用前3年平均年产值的10倍。征用其他土地的安置补助费标准，由省、自治区、直辖市参照征用耕地的安置补助费标准规定。

4. 临时占地补助费

工程项目施工，需要材料堆场、运输通路和其他临时设施增加临时用地，经批准后应同农业集体经济组织签订临时用地协议，并按该土地前3年平均年产值逐年给予补偿。使用期满建设单位应当恢复土地的生产条件并及时归还。架设地上线路、铺设地下管线、建设其他地下工程、进行地质勘探等，需要临时使用土地的，由当地县级人民政府批准，并按照前述规定给予补偿。支付上述费用尚不能使需要安置的农民保持原有生活水平的，经所在地省级政府批准，可以增加安置补助费。但是，土地补偿费和安置补助费的总和不得超过土地被征用前3年平均年产值的20倍。

上述各种费用，农民个人只能直接获得土地附着物和青苗的补偿费，其他费用用于发展生产和安排因土地被征用而造成的多余劳动力的就业和不能就业人员的生活补助，不得移作他用，亦不得私分。

大中型水利、水电工程建设征用土地的补偿费标准和移民安置办法，由国务院另行规定。

（二）农村房屋拆迁补偿

宅基地上的房屋拆迁，可以实行货币补偿或者房屋安置，有条件的地区也可以另行审批宅基地。

1. 实行货币补偿的

拆迁补偿款按照被拆除房屋的重置成新价和宅基地的区位补偿价确定。房屋重置成新价的评估规则和宅基地区位补偿价的计算办法由当地省级政府制定并公布。按照前款规定对被拆迁人给予货币补偿的，不再进行房屋安置或者另行审批宅基地。

以北京地区为例，房屋拆迁补偿价＝宅基地区位补偿价×宅基地面积＋被拆迁房屋重置成新价。宅基地区位补偿价由区县人民政府以乡镇为单位，按下列公式计算：当地普通住宅指导价，由区县人民政府参照一定时间、一定区域内普通商品住宅均价、城市规划等情况综合确定；房屋重置成新均价，是指一定时间、一定区域内的被拆迁宅基地房屋重置成新平均价，具体标准由区县人民政府按照前述区域内农村房屋建设情况在400—700元/平方米幅度内确定。户均安置面积，按照100至150平方米控制，具体安置标准由区县人民政府根据当地农村经济发展水平、农民居住情况确定。户均宅基地面积，原则上暂统一按0.3亩（200平方米）计算。

2. 实行房屋安置的

农村集体经济组织或者村民委员会作为拆迁人实施拆迁，以本集体建设用地范围内的房屋安置被拆迁人的，经村民会议或者村民代表会议讨论通过并报乡（民族乡）、镇人民政府批准后，可以按照被拆除房屋建筑面积安置，也可以结合被拆迁人家庭人口情况安置。农村集体经济组织或者村民委员会作为拆迁人拆迁宅基地上房屋，有条件的地区，可以按照土地管理法律、法规和规章的规定，另行审批宅基地由被拆迁人自建房屋，并对被拆除的房屋按照重置成新价给予补偿。其他拆迁人委托农村集体经济组织或者村民委员会安置被拆迁人的，可以参照前款规定执行。

二、 拆迁补偿不到位的解决途径

随着大规模建设的展开，拆迁问题在中国社会一直是最容易引发矛盾的问题。矛盾的关键往往在于拆迁补偿费用、拆迁安置问题上，拆迁方与被拆迁方不能够达成一致。解决这一问题需要从两方面着手。

执行拆迁的一方要遵循国家的法律法规，合法拆迁、合理拆迁，拆迁以后能够按照国家的相关法律法规及政策发放拆迁补偿、解决拆迁安置。

被拆迁的一方面临拆迁不合法、不合理的拆迁行为时，可以通过协商、诉讼、上访途径解决问题，但需要注意的是：上访时要坚持合法上访、理性上访！

第二章　婚姻、继承、生育、收养等相关法律、法规

第一节　婚姻

一、婚姻法的主要内容

（一）结婚

1. 结婚的法定条件。结婚是男女两性依照法律规定的条件和程序，确立夫妻关系的行为。它不仅是男女两性的结合，而且要被社会所承认。古今中外的婚姻立法，对于结婚的条件和程序，都作了专门的规定。根据我国婚姻法的规定，结婚需要具备的条件主要有：

（1）结婚必须男女双方完全自愿。婚姻法第五条规定，“结婚必须男女双方完全自愿，不许任何一方对他方加以强迫或任何第三者加以干涉”。这是建立有爱情婚姻的必要前提，是贯彻婚姻自由原则的具体规定。“双方完全自愿”，是这条规定的核心。结婚既然是两个人的事情，当然应以“互爱”为前提。只有男女双方彼此相爱，自愿结合，才能结成幸福的婚姻。强调双方自愿的目的，就在于排除一方对他方的强迫。可是有些人不懂得这个道理，强娶强嫁的情况屡有发生，轻则纠缠不休，重则拼死拼

活。特别是要求中断恋爱关系的一方有过错，更容易发生以错对错的报复行为。

（2）结婚必须达到法定婚龄。法定婚龄就是指法律规定的结婚的最低年龄。婚姻法第五条规定："结婚年龄，男不得早于二十二周岁，女不得早于二十周岁。晚婚晚育应予鼓励。"这就是说，青年男女要结婚，除了双方完全自愿以外，还必须同时达到法定婚龄，没有达到法定婚龄，不得结婚。

（3）结婚必须符合一夫一妻制。一夫一妻制是无产阶级爱情的专一性和社会主义道德所要求的。除了婚姻法将此作为基本原则规定外，1986 年 3 月 15 日民政部发布的《婚姻登记办法》第六条也明确规定，已有配偶的，不予登记。这就是说，要求结婚的，只能是已达婚龄的未婚者，或者丧偶、离婚的人；要求复婚的，必须在双方没有再婚，或再婚而又均离了婚后，才能复婚。国家婚姻登记机关对予违反一夫一妻制的行为，不予登记，对构成重婚罪的，应依照刑法规定，追究违法者的刑事责任。

（4）禁止近亲结婚。婚姻法第七条规定："直系血亲和三代以内的旁系血亲禁止结婚。"禁止近亲结婚既是自然选择规律的要求，也是优生的要求。人类发展的历史证明，血统过近的亲属间发生婚姻关系，往往容易把双方生理上的缺陷遗传给后代，影响家庭幸福，危害民族健康。因此，古今中外各国法律都有禁止近亲通婚的规定，虽然禁止近亲通婚的范围有大有小，但禁止直系血亲通婚都是一致的。

直系血亲，是指具有直接血缘关系的亲属，即生育自己和自己所生育的上下各代亲属。如父母和子女，祖父母、外祖父母和孙子女、外孙子女等，不论父系或母系，只要是直系血亲，一律禁止结婚，禁止直系血亲结婚，不仅是自然规律的要求，而且也同我国人民的伦理观念相一致。至于直系姻亲，如公与媳、岳母与女婿，能不能结婚，我国法律对此未作规定，根据伦理道德观念以及我国人民的风俗习惯，一般是不能结婚的，所谓旁系血亲，是指直系血亲以外，在血统上和自己同出于同源的亲属。三代以内旁系血亲，是指从祖父母和外祖父母同源而排除直系血亲以外的人，包括：同源于父母的两代平辈旁系血亲和同源于祖父母、外祖父母的平辈或上下辈的三代旁系血亲。两代旁系血亲，有同父同母的兄弟姐妹，同父异母的兄弟姐妹和同母异父的兄弟姐妹。以上这些兄弟姐妹，按照婚姻法规定，都不许结婚。对于异父异母的兄弟姐妹（即再婚夫妻各自带来的子女）能否结婚的问题，法律虽未明文规定，但如双方要求结婚，可以准予。因为这样的兄弟姐妹关系并无血缘关系。

（5）禁止患一定疾病的人结婚。婚姻法第六条规定，患麻风病未经治愈或患其他医学上认为不应当结婚的疾病的，禁止结婚；《婚姻登记办法》第六条第五款也规定，患麻风病或性病未治愈的禁止结婚，不予登记。

麻风病和性病都是接触性的恶性传染病，为了防止这些恶性传染病的扩散，保护双方当事人和民族的健康，我国婚姻法和《婚姻登记办法》明确规定禁止患这些疾病的人结婚是非常必要的。如果已经治愈，则允许结婚。在现实生活中，常见的不应结婚的疾病，一般指精神病、痴呆症等。精神病的种类很多，在程度上也有轻重的差异。轻微的或间歇性的精神病，如果双方同意，可以结婚。对于严重的或有遗传性的精神病，为了对方的利益和下一代的健康，无论何种情况，都应禁止结婚。白痴病人，生活不能自理，不能承担夫妻和家庭的义务，同时，白痴具有遗传性，所以，这种人也是不能结婚的。

为了提高人口的质量，保护民族的健康，禁止有遗传性和传染性的严重疾病的人结婚，是非常必要的。但是，是否属于不应结婚的疾病，要经医学鉴定，不能任意解释。

2. 结婚的法定程序。结婚的人，不仅要具备结婚的法定条件，还要履行结婚的法定程序。婚姻法第八条规定："要求结婚的男女双方必须亲自到婚姻登记机关进行结婚登记。符合本法规定的，予以登记，发给结婚证。取得结婚证，即确立夫妻关系。"这一规定说明，结婚登记是我国法定的结婚程序。事实婚姻是我国现实存在的一种婚姻形式，在城乡常有发生，特别是在农村占有不可忽视的比例，且有发展的趋势。以江苏省为例，全省婚姻登记率为70％—80％，其中农村只达50％，个别乡仅达10％。甘肃省尤为突出，有些地区近年结婚，几乎100％的不登记。根据婚姻法的立法精神，事实婚姻由于未经法定登记手续，所以是一种违法行为，且往往给当事人及社会带来不利的后果，应该坚决反对和严加制止。但是，由予事实婚姻本身比较复杂，考虑到双方同居的原因和实际情况，根据原则性和灵活性相结合以及具体问题具体对待的原则，在特殊情况下，还要加以承认和保护。

（二）家庭关系

婚姻法第三章对夫妻关系、父母子女关系、祖父母、外祖父母和孙子女、外孙子女间以及兄弟姐妹间的关系作了明确的规定。这些规定，为建立和发展民主、和睦的新家庭提供了法律保障。

1. 夫妻关系。在我国，婚姻不是契约，而是男女双方基于爱情的法定结合。因婚姻而形成的夫妻关系，是一种特定的社会关系，具有平等、互助的特点。夫妻是生活的伴侣，互相之间存在着密切的感情联系和经济联系，存在着平等的权利义务关系。这种平等的夫妻关系，是与我国男女两性平等的社会地位相一致的。

婚姻法第九条明确规定："夫妻在家庭中地位平等。"即夫妻在家庭中享有平等的权利，承担平等的义务。这种平等的权利义务关系，可分为夫妻人身关系平等和财产关系的平等。

（1）夫妻在人身方面的权利和义务。夫妻在人身方面的权利和义务非常广泛，如享有姓名权、人身自由权等。婚姻法第十条规定："夫妻双方都有各用自己姓名的权利。"在古代中国，妻子无独立的姓名权。出嫁后就要冠以夫姓，所生子女也必须随父姓。就是现代外国不少国家仍有类似规定。按照婚姻法第十五条的规定，夫妻双方对子女都有抚养教育的权利和义务。抚养、教育子女是夫妻的权利，也是夫妻的义务。在子女的抚养教育问题上，夫妻双方应根据子女的利益，互相协商，共同决定。这也是夫妻人身关系平等的具体表现。

（2）夫妻在财产方面的权利和义务。对夫妻在财产方面的权利义务的规定，也是婚姻法的重要组成部分，其内容主要有共同财产所有权、遗产继承权等。

婚姻法第十七条规定：夫妻在婚姻关系存续期间所得的财产，归夫妻共同所有，双方另有约定的除外。夫妻对共同所有的财产，有平等的处理权。

2. 父母子女关系。

我们的父母子女关系是平等、民主、和睦的，相互间既互相享有权利，又互相承担义务，权利义务是统一的、对等的。父母对子女的义务，就是子女所享有的权利；子女对父母的义务，就是父母所享有的权利。不论是父还是母，也不论是子还是女，权利和义务都是平等的。抚养和教育子女、尊敬和赡养老人，不仅是社会主义道德的要求，而且是法律规定的义务。按照婚姻法第二十一条至三十条规定，父母子女间的权利和义务具体体现在：父母首先要从物质上对子女进行养育，从生活上给子女照顾，使子女能够健康成长。这是父母的义务，也是子女的权利。因此，弃婴、溺婴及其他残害婴儿的行为都是法律所禁止的。婚姻法第二十一条第三款也作了规定："子女不履行赡养义务时，无劳动能力的或生活困难的父母，可要求子女给付赡养费。"如子女仍不履行，需要赡养的父母可以通过诉讼来解决。

根据婚姻法的规定，父母子女间除了抚养、赡养义务之外，还有互相继承遗产的权利。父母死亡，子女有继承父母遗产的权利；子女死亡，父母同样有继承子女遗产的权利。

在家庭关系中，除了婚生的父母子女关系以外，还有非婚生父母子女关系，继父母和继子女关系，养父母和养子女的关系。根据婚姻法第二十五、二十六、二十七条的规定，非婚生子女、养子女以及与继父或继母形成抚养关系的继子女，享有与婚生子女同等的权利，任何人不得歧视。这一规定，充分体现了婚姻法对儿童的保护，对于儿童的健康成长，具有重要的作用。

（三）离婚

离婚是夫妻双方依法解除婚姻关系的一种法律行为。婚姻法第三十二条、三十三条以及三十四条对离婚的条件、程序和法律后果作了规定，这些规定充分体现了对妇女权益的保护。

1. 保障离婚自由，反对轻率离婚。在我国，法律一方面允许人们离婚，承认和保障离婚自由；另一方面，又规定了准予离婚的条件，以反对和防止轻率离婚。

2. 离婚的法定条件。离婚的原因是多种多样的。什么情况下准予离婚，什么情况下不准予离婚，不可能作出十分具体的规定，只能从具体情形出发，作出概括性的规定。婚姻法第三十二条第二款规定：如感情确已破裂、调解无效，应准予离婚。相反，如感情尚未破裂，则不准予离婚。婚姻法的这一规定，是我国离婚制度的新发展，是多年来审判实践经验的总结。它符合婚姻本质，有利于婚姻家庭制度的巩固。

3. 离婚的法定程序。离婚必须依法经过一定的程序，办理离婚手续，自行协议离婚是无效的。我国婚姻法根据离婚的两种情况，规定了两种程序。

（1）双方自愿离婚的程序。婚姻法第三十一条规定："男女双方自愿离婚的，准予离婚。双方必须到婚姻登记机关申请离婚。婚姻登记机关查明双方确实是自愿并对子女和财产问题已有适当处理时，发给离婚证。"按照这一规定，男女双方确属自愿，而又对子女抚养、财产分割作出妥善安排的，可准予离婚。这既体现了离婚自由的精神，也体现了男女平等的原则。离婚登记的手续，也叫离婚的行政程序。

（2）一方要求离婚的程序。婚姻法第三十二条规定了一方要求离婚的条件和程序。一方要求离婚而另一方不同意离婚，或者双方自愿离婚，但在子女、财产问题上仍有争执，都必须通过法院来解决，这叫离婚的诉讼程序。人民法院受理离婚案件时，首先要进行调解，这是处理离婚案件的必经程序。通过调解，使当事人在事实和法律面前，分清是非，克服障碍，在不伤害感情的条件下解决纠纷。如果调解无效，则根据双方的感情状况，作出准予离婚或不准予离婚的判决。

4. 离婚的法律后果。离婚标志着婚姻关系的终止，双方之间夫妻关系的消灭。随着婚姻关系的终止，必然会带来一系列法律上的后果，如夫妻共同财产的分割、子女的抚养、债务的负担等。关于子女的抚养，我们将在后面讲到。

婚姻法第三十九条规定，离婚时，对夫妻共同财产的分割，应由双方自行协议处理，协议不成时，由人民法院视具体情况，根据照顾女方及子女利益的原则进行判决。如果离婚只是由一方的过错造成的，在分割财产时，就要更多地照顾受害的一方。更多的情况下，受害一方是女方。以上是婚姻法保护妇女、儿童合法权益的基本原则在离婚问题上的具体体现。

离婚时，原为夫妻共同生活（包括维持夫妻共同生活、抚养子女、赡养老人等）所负的债务，以共同财产偿还。如共同财产不足清偿时，由双方协议清偿；协议不成时，由人民法院根据双方的经济能力依法判决。

二、农村婚姻生活中需要注意的问题

（一）婚姻四个禁止

1. 禁止买卖、包办婚姻和其他干涉婚姻自由的行为。

2. 禁止借婚姻索取财物。

3. 禁止重婚。

4. 禁止家庭成员间的虐待和遗弃。

（二）《婚姻法》对家庭暴力或虐待行为的受害人的救助是如何规定的

1. 实施家庭暴力或虐待家庭成员，受害人有权提出请求，居民委员会、村民委员会以及所在单位应当予以劝阻调解；

2. 对正在实施的家庭暴力，受害人有权提出请求，居民委员会、村民委员会应当予以劝阻，公安机关应当予以制止；

3. 实施家庭暴力或虐待家庭成员，受害人提出请求的，公安机关应当依照治安管理处罚的法律规定予以行政处罚。

（三）农村妇女离婚或丧偶后留在男方村中居住是否享有责任田、口粮田和宅基地

1. 农村妇女结婚或者离婚后，户籍迁往其他乡村的，其责任田、口粮田和宅基地应当由其落户的所在地解决；

2. 如仍在原籍，原户籍所在地不得撤回她的责任田、宅基地；

3. 不论是丧偶妇女，还是离婚后的妇女，都有选择居住地

的自由，只要户口还在原籍，就不能剥夺她的责任田、口粮田和宅基地。

（四）订婚（婚约）有法律效力吗？由此引起的财物纠纷应如何处理？

订立婚约的行为称订婚。婚约是当事人自愿采用的表示或者巩固恋爱关系的方式，不具有法律约束力。我国现行婚姻法对婚约或订婚没有作任何规定。因此，婚约没有法律约束力，不受法律保护，订婚不是结婚的必经程序。

婚约订立后，只有双方完全自愿才能实际履行。双方同意解除的可自行解除；一方要求解除就可以解除，只要向对方作出意思表示即可解除，无需征得对方同意，更无须办理任何法律上的手续。

法律不调整婚约关系，并不意味着当事人可以视婚约为儿戏。当事人应该以认真负责的态度慎重对待婚约，切忌轻率，更不允许以订婚为名索取钱财或者玩弄异性，否则，应视情节依法承担相应的法律责任。

对由此引起的财物纠纷，应区别情况予以妥善解决。恋爱或订婚期间，男女双方自愿互赠的衣物或者游玩的花费等，按赠与处理。但属双方定情信物或者具有家庭纪念意义的财物，一方要求归还的，以归还为妥。

（五）彩礼可不可以要求返还？

彩礼是指一方（多为女方）借婚姻成立向对方索要财物作为结婚先决条件的行为。这种婚姻俗称“彩礼婚”，这种财物俗称“彩礼”。彩礼婚是封建社会聘娶婚的一种变种形式。这种婚姻使男方获得劳动力，女方以彩礼的形式获得经济补偿，彩礼成为女子的身价费，这种婚姻究其实质是男女两家人财交换的婚配形式。实质上是借婚姻索取财物的一种行为。索取彩礼行为无效。

我国《婚姻法》第 3 条第 1 款规定："禁止包办、买卖婚姻和其他干涉婚姻自由的行为。禁止借婚姻索取财物。"当事人实施此行为违反了法律的禁止性规范，属于违法行为。根据我国《民法通则》第 58 条的规定，借婚姻索取财物行为为无效民事行为，从行为开始起就没有法律约束力。当事人因该行为取得的财产，应当返还受损失的一方。也就是说彩礼可以要求返还。

因此，最高人民法院关于适用《中华人民共和国婚姻法》若干问题的解释（二）第 10 条规定：当事人请求返还按照习俗给付的彩礼的，如果查明属于以下情形，人民法院应当予以支持：（一）双方未办理结婚登记手续的；（二）双方办理结婚登记手续但确未共同生活的；（三）婚前给付并导致给付人生活困难的。适用前款第（二）、（三）项的规定，应当以双方离婚为条件。

（六）没有拿结婚证，"结婚"后"离婚"怎么办？（事实婚姻、同居关系、重婚问题）

要给大家说的是，法律只保护合法的婚姻家庭关系。合法的婚姻可以简单理解为就是依法办理了结婚登记（领取结婚证）的婚姻。但现实中农村存在不少没有拿结婚证就"结婚"（举行婚礼）现象，以致所谓"婚姻"出现问题，不知所措，很多权益得不到有效保护。在这里大家特别需要明确的法律上的有效"结婚"是拿结婚证才算真正合法结婚，而不是举行婚礼就算结婚。

根据我国现行法律和司法解释的规定，未办理结婚登记同居生活的男女关系结合形成的关系可分为两种：一是事实婚姻，二是同居关系。

事实婚姻，指没有配偶的男女虽未办理结婚登记，但符合结婚的实质要件，并且以夫妻名义同居生活，所形成男女两性结合。同居关系，是指均无配偶的男女双方在未办理结婚登记，又不符合结婚实质条件的，以夫妻名义共同生活，或有配偶与他人

（不以夫妻名义）同居所形成的两性关系。

我国法律不承认现行事实婚姻，只承认原有事实婚姻。即凡是在1994年2月1日民政部《婚姻登记管理条例》公布实施以前，男女双方同居生活的，并且符合结婚实质要件的，按事实婚姻处理。如，1994年1月1日王男与周女以夫妻名义同居生活且符合婚姻关系的成立要件，2006年4月1日起诉到人民法院，要求离婚的，人民法院就按照事实婚姻对待，适用离婚的法律规定。

凡是在1994年2月1日民政部《婚姻登记管理条例》公布实施以后，男女双方同居的，如果不符合结婚的实质要件，属于同居关系；如果符合结婚的实质要件，应当补办婚姻登记，不予补办的，属于同居关系。

究竟同居关系与事实婚姻、合法婚姻有什么不同的法律后果呢？事实婚姻解除的效力同离婚（合法婚姻）的效力一样，有关财产的处理与子女的抚养同合法婚姻离婚时一样，受到婚姻等相关法律的全面保护。

但是，非法同居关系的解除就受到很多限制。一是双方无配偶的同居关系向人民法院单独提出解除时法院不能受理。二是在同居关系解除时的财产处理及子女抚养方面：1. 当事人所生的子女，适用《婚姻法》有关父母子女的规定。2. 当事人之间的财产关系不适用《婚姻法》有关夫妻财产制的规定。3. 相互之间没有法定的扶养义务。4. 男女双方不能以配偶的身份互为第一顺序的法定继承人。

因此特别提醒：那些符合婚姻法规定的结婚条件，举行了结婚仪式或已经以夫妻名义共同生活未办理结婚登记的男女，应尽早补办登记，以使自己的婚姻行为合法化。补办结婚登记后，婚姻关系的效力追溯至男女双方均符合结婚的法定实质要件之时，夫妻在婚姻家庭中的合法权益才能得到充分保护。

需要特别讲明的是，有配偶的人又与他人结婚或以夫妻名义共同生活的行为，或明知他人有配偶而与之结婚或者与之以夫妻名义共同生活的行为是重婚行为。重婚是一种犯罪行为。刑法第二百五十八条规定：有配偶而重婚的，或者明知他人有配偶而与之结婚的，处二年以下有期徒刑或者拘役。

第二节　继承

一、继承法的主要内容

继承法的内容较少，但关键部分很多，因此该部分尽量将知识点罗列得较为详细一些。

（一）继承开始的时间

继承从被继承人死亡时开始。

（二）遗产范围

根据我国《继承法》第三条的规定，遗产范围包括：①公民的收入；②公民的房屋、储蓄和生活用品；③公民的林木、牲畜和家禽；④公民的文物和图书资料；⑤法律允许公民所有的生产资料；⑥公民的著作权、专利权中的财产权利；⑦公民的其他合法财产（有价证券和履行标的为财物的债权）。

（三）遗嘱与遗赠抚养协议有冲突时的处理

根据《最高人民法院关于贯彻执行〈中华人民共和国继承法〉若干问题的意见》第5条的规定，与协议抵触的遗嘱全部或部分无效。

（四）继承人继承遗产的顺序限制

《中华人民共和国继承法》第十条规定：“遗产按照下列顺序

继承。第一顺序：配偶、子女（婚生子女、非婚生子女、养子女和有抚养关系的继子女）、父母（生父母、养父母和有抚养关系的继父母）。第二顺序：兄弟姐妹（同父母的兄弟姐妹、同父异母的兄弟姐妹、同母异父的兄弟姐妹）、祖父母、外祖父母。

继承开始后，由第一顺序继承人继承，第二顺序继承人不继承。没有第一顺序继承人继承的，才由第二顺序继承人继承。

在法定继承中，没有第一顺序继承人继承的有两种情况：一是没有第一顺序继承人或者第一顺序继承人已全部死亡；二是第一顺序继承人全部放弃了继承权。

（五）被继承人的子女先于被继承人死亡的情形

《中华人民共和国继承法》第11条规定："被继承人的子女先于被继承人死亡的，由被继承人的子女的晚辈直系血亲代位继承。代位继承人一般只能继承他的父亲或者母亲有权继承的遗产份额。"所谓代位继承，是指被继承人的子女先于被继承人死亡时，由被继承人的死亡子女的晚辈直系血亲继承其应继承的遗产份额的制度。其中先于被继承人死亡的子女称为被代位人或者被代位继承人，先于被继承人死亡的子女的晚辈直系血亲被称为代位人或代位继承人。

代位继承是法定继承中的制度，其成立条件和效力上具有以下特征：

第一，被代位人须为先于被继承人死亡的子女。

第二，代位人须是被继承人的晚辈直系血亲。

第三，被代位人未丧失继承权。

第四，代位继承人作为第一顺序继承人参加继承，一般只能继承被代位人应继承的遗产份额。

第五，代位继承只适用于法定继承。

（六）继承人在继承开始后遗产分割前死亡的情形

《继承法》解释第五十二条规定，继承开始后，继承人没有表示放弃继承，并于遗产分割前死亡的，其继承遗产的权利转移给他的合法继承人。

（七）丧偶儿媳、丧偶女婿是否享有继承权

根据《中华人民共和国继承法》第十二条的规定，丧偶儿媳对公、婆，丧偶女婿对岳父、岳母，尽了主要赡养义务的，作为第一顺序继承人。

（八）已经出嫁的女儿的继承权

《中华人民共和国继承法》第十条的规定，女儿是法定的第一顺序继承人。女儿对父母遗产的继承权，并不以是否出嫁为条件。女儿不论是否出嫁，都有权继承父母的遗嘱。

（九）遗嘱继承和法定继承、其他的几种遗嘱形式及其效力

根据《中华人民共和国继承法》第五条的规定，继承开始后，有遗嘱且合法有效的，按照遗嘱办理。对遗嘱处分的遗产不能按照法定继承办理。但对遗嘱未处分的遗产可按照法定继承办理。

遗嘱有公证遗嘱、自书遗嘱、代书遗嘱、录音遗嘱、口头遗嘱等五种形式。在所有的遗嘱形式中，公证遗嘱的法律效力最高，自书遗嘱、代书遗嘱、录音遗嘱和口头遗嘱不得撤销、变更公证遗嘱。

（十）自书（自写）遗嘱有什么要求

根据《中华人民共和国继承法》第十七条的规定，自书遗嘱由遗嘱人亲笔书写，签名，注明年、月、日。

（十一）代书遗嘱的形式及对见证人的要求

根据《中华人民共和国继承法》第十七条的规定，代书遗嘱应当有两个以上见证人在场见证，由其中一人代书，注明年、月、日，并由代书人、其他见证人和遗嘱人签名。

根据《中华人民共和国继承法》第十八条的规定，下列人员不能作为遗嘱见证人：无行为能力人、限制行为能力人；继承人、受遗赠人；与继承人、受遗赠人有利害关系的人。

（十二）口头遗嘱订立的时间和条件

根据《中华人民共和国继承法》第十七条的规定，代书遗嘱应当有两个以上见证人在场见证，由其中一人代书，注明年、月、日，并由代书人、其他见证人和遗嘱人签名。

根据《中华人民共和国继承法》第十八条的规定，下列人员不能作为遗嘱见证人：无行为能力人、限制行为能力人；继承人、受遗赠人；与继承人、受遗赠人有利害关系的人。

（十三）口头遗嘱订立的时间和条件

根据《中华人民共和国继承法》第十七条的规定，：遗嘱人在危急情况下，可以立口头遗嘱。口头遗嘱应当有两个以上见证人在场见证。危急情况解除后，遗嘱人能够用书面或者录音形式立遗嘱的，所立的口头遗嘱无效。

（十四）多份遗嘱，内容相抵触

据《中华人民共和国继承法》第二十条的规定，遗嘱人可以撤销、变更自己所立的遗嘱。

立有数份遗嘱，内容相抵触的，以最后的遗嘱为准。

自书、代书、录音、口头遗嘱，不得撤销、变更公证遗嘱。

（十五）打继承官司时间的限制

根据《中华人民共和国继承法》第八条的规定，继承权纠纷提起诉讼的期限为二年，自继承人知道或者应当知道其权利被侵犯之日起计算。但是，自继承开始之日起超过二十年的，不得再提起诉讼。

二、农村继承关系中需要注意的问题

（一）农村土地承包经营权的继承

家庭承包的农村土地承包经营权只能属于农户家庭，当承包户家庭中的一人或几人死亡，承包经营仍然以户为单位，承包地仍由该农户的其他家庭成员继续承包经营。但当承包经营户的成员全部死亡，该土地承包经营权归于消灭，农地应收归农村集体经济组织另行分配。

（二）出嫁女的继承

中国自古有“嫁出去的女儿泼出去的水”的说法，在很多农村地区依然遵循着这样的做法。在农村，一般是儿子对父母尽主要的赡养义务并在父母去世以后料理父母的后事，在父母去世后继承财产，女儿不继承财产。但随着人们经济观念的日渐提高，尤其是土地价值的日渐显著，出嫁的女儿回来要财产的现象越来越多。笔者认为，处理这一问题，可以依据农村原有的、与法律规定不相冲突的传统进行处理，另外，再参照履行赡养义务的情况，和儿子履行了同样赡养义务的女儿理应有相同的继承权利。

第三节　收养

一、收养法律关系的主要内容

（一）收养成立的条件

1. 被收养人的条件

下列不满十四周岁的未成年人可以被收养：

（1）丧失父母的孤儿；

（2）查找不到生父母的弃婴和儿童；

（3）生父母有特殊困难无力抚养的子女。

2. 送养人的条件

下列公民、组织可以作送养人：

（1）孤儿的监护人；

（2）社会福利机构；

（3）有特殊困难无力抚养子女的生父母，生父母送养子女，须双方共同送养，生父母一方不明或者查找不到的可以单方送养；送养人不得以送养子女为理由违反计划生育的规定再生育。

3. 收养人的条件

（1）无子女；

（2）有抚养教育被收养人的能力；

（3）年满 35 周岁。

4. 对收养的规定和限制

（1）收养人只能收养一名子女；

（2）收养孤儿或者残疾儿童可以不受收养人无子女和年满三十五周岁以及收养一名的限制；

（3）配偶的男性收养女性的，收养人与被收养人的年龄应当相差四十周岁以上；

（4）有配偶者收养子女，须夫妻共同收养；

（5）继父或继母经继子女的生父母同意，可以收养继子女，并可以不受被收养人不满十四周岁的限制；

（6）收养查找不到生父母的弃婴和儿童以及社会福利机构抚养的孤儿的，应当向民政部门登记；

（7）华侨收养三代以内同辈旁系血亲的子女，可以不受收养人无子女的限制；

（8）对外国收养人的规定。外国人依照本法可以在中华人民共和国收养子女。外国人在我国收养子女，应当提供收养人的年龄、婚姻、职业、财产、健康、有无受过刑事处罚等状况的证明材料，该证明材料须经其所在国公证机关或者公证人公证，并经中华人民共和国驻该国使馆认证。该收养人应当与送养人订立书面协议，亲自向民政部门登记，并到指定的公证处办理公证。收养关系自公证证明之日起成立。

5. 对送养的规定和限制

（1）未成年人的父母均不具备完全民事行为能力的，该未成年人的监护人不得将其送养，但父母对该未成年人有严重危害可能的除外。

（2）监护人送养未成年孤儿的，须征得有抚养义务的人同意。有抚养义务的人不同意送养、监护人不愿意继续履行监护职责的，应当依照《中华人民共和国民法通则》的规定变更监护人。

6. 亲属间的收养

亲属间的收养是指收养三代以内同辈旁系血亲的子女，包括收养兄弟姐妹、堂兄弟姐妹和表兄弟姐妹的子女。由于送养人和被收养人有着一定的血缘关系和亲属身份，这种亲属间的收养，关系相对稳定。所以，收养法对这类收养作了放宽规定。

（1）被收养人可以不受不满 14 周岁的限制，即可以收养年满 14 周岁的未成年人；

（2）被收养人的生父母即使没有抚养子女的困难，也可将子女送养；

（3）无配偶的男性收养三代以内同辈旁系血亲的女儿时，不受年龄相差 40 周岁以上的限制。

7. 收养孤儿和残疾儿童

孤儿和残疾儿童被他人收养，有利于其在养父母的抚养下健康成长。公民收养孤儿和残疾儿童，体现了其关心扶助这类儿童的爱心，也为国家减轻负担。所以，国家鼓励公民收养孤儿和残疾儿童。第一，收养人即使有子女，也可收养孤儿和残疾儿童。第二，收养人可不受年满30周岁的限制，即未满30周岁的成年人可作为收养人。第三，收养人可以收养两名以上的孤儿和残疾儿童。

8. 收养继子女

继父母和继子女的关系是因生父母的再婚而形成的，在一般情况下属于姻亲，他们之间没有法律上的关系。通过收养，可使继父母子女关系变为养父母、子女关系。为了家庭的和睦和稳定，法律对收养继子女规定了较宽的收养条件。

放宽条件如下：第一，被收养人可以是年满14周岁的未成年人。第二，生父母没有抚养子女的困难，也可将其子女送养。第三，收养人不受无子女及年满30周岁的限制。

9. 无配偶者收养异性子女

无配偶者是指未婚、离婚或丧偶的单身成年人。我国《收养法》允许无配偶者收养子女，但对无配偶的男性收养女性的，作了较严格的限制，即无配偶的男性收养女性的，收养人与被收养人的年龄应当相差40周岁以上。这一规定目的在于维护收养关系的伦理性，保护被收养人的合法权益。

（二）收养成立的形式要件

收养是变更身份关系的一种重要的法律行为，当事人具备了收养成立的实质要件以后，还必须履行法定的程序，才产生法律效力。《收养法》对收养程序的规定为：收养应当向县级以上民政部门登记，收养关系自登记之日起成立。收养关系当事人各方或一方要求办理收养公证的，应当办理收养公证。

1. 收养登记机关

办理收养登记的机关是县级以上的民政部门。收养社会福利机构抚养的孤儿，在社会福利机构所在的收养登记机关办理收养登记。收养查找不到生父母的弃婴和儿童，在弃婴和儿童发现地的收养登记机关办理收养登记。公民之间的收养登记应在收养人户口所在地的收养登记机关办理。

2. 收养登记的具体步骤

（1）申请。收养人应亲自到民政部门的登记机关申请办理收养登记。夫妻共同收养子女，一方不能亲自到收养登记机关的，须出具经公证的委托收养书。如果被收养人年满 10 周岁，必须亲自到场。

要求收养的当事人首先向登记机关提交收养申请书，申请书内容包括收养目的，保证不虐待、不遗弃被收养人，保证抚养被收养人，使其健康成长等。申请收养登记须提供下列证明材料：①居民身份证和户籍证明；②收养人所在单位出具的或村民委员会、居民委员会出具的本人婚姻状况、有无子女和抚养教育被收养人的能力等情况的证明；③县级医疗机构出具的未患有在医学上认为不应当收养子女的疾病的身体健康检查证明。

（2）审查与登记。民政部门接受当事人申请后，应对申请人进行审查。审查的具体内容，包括收养目的是否正当，主体资格是否符合法律规定，证明材料是否齐全、有效等。

经审查，对证件齐全、有效，符合《收养法》条件的，收养登记机关应在受理登记申请次日起 30 日内，为申请人办理收养登记，发给《收养证》。收养关系自登记之日起成立。对不符合《收养法》规定条件的，不予登记，并对当事人说明理由。

收养关系成立以后，需要为被收养人办理户口登记或者迁移手续的，由收养人持收养登记证到户口登记机关办理，户口登记机关应当依照国家有关规定为被收养人办理户口登记。

3. 收养登记中的当事人在申请收养登记时，应向收养登记机关如实提供材料和回答收养登记人员的询问，收养登记机关发现当事人在登记时弄虚作假，欺骗登记人员的，由收养登记机关撤销登记，收缴收养登记证。

为收养关系当事人出具证明材料的组织，应当如实出具有关证明材料。出具虚假证明材料的，由收养登记机关没收虚假证明材料，建议有关组织对直接责任人员给予批评教育，或者依法给予行政处分、纪律处分。

（三）收养的法律效力

1. 收养的拟制效力

收养的拟制效力，是指收养产生新的由法律确认的亲子关系及其他亲属关系及由此产生的权利义务关系的效力。收养关系一经成立，便在收养人与被收养人之间确立起养父母和养子女的关系。他们的权利义务关系同自然血亲父母子女的权利义务关系一致。《收养法》第二十三条："自收养关系成立之日起，养父母与养子女间的权利义务关系，适用法律关于父母子女关系的规定；养子女与养父母的近亲属间的权利义务关系，适用法律关于子女与父母的近亲属关系的规定。"

2. 收养的解销效力

收养的解销效力是指收养终止原有的亲子关系及其他亲属关系的效力。这种收养形式又叫完全收养，即养子女与生父母及其亲属间的权利义务关系归于消灭。但收养关系承认的解销只是生父母子女间权利义务关系，其他关系，如基于自然的血缘关系和社会伦理观念而产生的联系依然存在。比如，禁婚的限制仍然存在。

3. 收养行为的无效

无效的收养行为是指已经成立，但由于欠缺有效要件而导致无效的收养行为。导致收养无效的原因有如下几个：（1）主体资格不合格；（2）自愿性有瑕疵；（3）不合法。收养无效的确认，可以由当事人或利害关系人到法院提起确认之诉，法院也可主动确认无效，也可以由登记机关依法宣布收养登记无效。

（四）收养关系的解除

1. 收养关系的终止

收养关系的终止，是指合法有效的收养关系因一定的法律事实而终止。引起收养关系终止的原因，有：（1）因收养人或被收养人的死亡而自然终止；（2）收养当事人办理了解除手续而终止。收养关系的解除，可以通过协议解除，也可通过诉讼解除。

2. 解除收养关系的法律后果

（1）当事人身份及权利义务的变更收养关系解除后，养父母与养子女之间法律拟制血亲身份关系就不存在了。根据《收养法》的规定，收养关系解除后，养子女与养父母的权利义务就解除了，即养父母与养子女间不再具有相关的抚养、赡养及相互继承遗产的权利义务关系。

（2）成年养子女的生活费给付义务

《收养法》第三十条规定："收养关系解除后，经养父母抚养的成年养子女，对缺乏劳动能力又缺乏生活来源的养父母，应当给付生活费。"

（3）养父母的补偿请求权

《收养法》第三十条规定："因养子女成年后虐待遗弃养父母而解除收养关系的，养父母可以要求养子女补偿收养期间的生活费和教育费"，"生父母要求解除收养关系的，养父母可以要求生父母适当补偿收养期间支出的生活费和教育费，但因养父母虐待、遗弃养子女而解除收养关系的除外。"

二、 农村收养需要注意的问题

农村中常常存在有一种事实收养现象，也存在有非法收养、买卖儿童、遗弃子女的现象。对于事实收养，虽然“情有可原”但法律上并不鼓励和支持。借着收养的名义进行拐卖儿童的行为更是犯罪行为。因此，这里有必要明晰一下法律后果。

（一）法律责任概述

《收养法》第 20 条规定：“严禁买卖儿童或者借收养名义买卖儿童。”第 31 条规定：“借收养名义买卖儿童的，依法追究刑事责任。遗弃婴儿的，由公安部门处以罚款；构成犯罪的，依法追究刑事责任。出卖亲生子女的，由公安部门没收非法所得，并处以罚款；构成犯罪的，依法追究刑事责任。”因此，借收养名义拐卖儿童、遗弃婴儿或出卖子女，不仅是《收养法》禁止的行为，而且是严重侵犯公民人身权的犯罪行为，违法者将受到刑事制裁。

（二）借收养名义拐卖儿童的法律责任

借收养名义拐卖儿童，是指行为人用欺骗、胁迫、利诱等手段，以营利为目的将儿童卖给第三人为养子女的行为。借收养名义拐卖儿童不仅严重侵害儿童的身心健康，而且给儿童的生父母及亲属带来极大的痛苦和不幸。根据我国《刑法》第 240 条的规定：拐卖妇女、儿童的，处 5 年以上 10 年以下有期徒刑，并处罚金；有下列情形之一的，处 10 年以上有期徒刑或者无期徒刑，并处罚金或者没收财产；情节特别严重的，处死刑，并处没收财产：（1）拐卖妇女、儿童集团的首要分子；（2）拐卖妇女、儿童 3 人以上的；（3）奸淫被拐卖的妇女的；（4）诱骗、强迫被拐卖的妇女卖淫或者将被拐卖的妇女卖给他人迫使其卖淫的；（5）以出卖为目的，使用暴力、胁迫或者麻醉方法绑架妇女、儿童的；

（6）以出卖为目的，偷盗婴幼儿的；（7）造成被拐卖的妇女、儿童或者其亲属重伤、死亡或者其他严重后果的；（8）将妇女、儿童卖往境外的。拐卖妇女、儿童是指以出卖为目的，有拐骗、绑架、收买、贩卖、接送、中转妇女、儿童的行为之一的。我国《刑法》第 241 条规定："收买被拐卖的妇女、儿童的，处 3 年以下有期徒刑、拘役或者管制。"

（三）遗弃婴儿的法律责任

《婚姻法》第 21 条第 4 款规定："禁止溺婴、弃婴和其他残害婴儿的行为。"

《未成年人保护法》第 10 条规定："父母或者其他监护人应当依法履行对未成年人或者有残疾的未成年人的监护职责和抚养义务，不得虐待、遗弃未成年人；不得歧视女性未成年人或者有残疾的未成年人；禁止溺婴、弃婴。"我国《收养法》第 31 条第 2 款规定："遗弃婴儿的，由公安部门处以罚款；构成犯罪的，依法究刑事责任。"《刑法》第 261 条规定："对年老、年幼、患病或者其他没有独立生活能力的人，负有扶养义务而拒绝扶养、情节恶劣的，处 5 年以下有期徒刑、拘役或者管制。"上述规定，是针对遗弃婴儿的违法犯罪行为而作出的专门性规定，对保护婴幼儿的人身权益，制止弃婴犯罪，具有重要的意义。

（四）出卖亲生子女的法律责任

《婚姻法》第 21 条第 1 款规定："父母对子女有抚养教育的义务。"无论基于什么原因，父母出卖亲生子女，都是侵害子女人身权、遗弃子女的违法犯罪行为。我国《收养法》第 31 条第 3 款规定："出卖亲生子女的，由公安部门没收非法所得，并处以罚款；构成犯罪的，依法追究刑事责任。"

第四节 计划生育

随着国情日渐变化，计划生育政策也不断在发生变化。这里提供一些优生措施，以供大家参考。

一、优生及优生学

优生，可以说是真正的使孩子不输在起跑线上，而优生的知识只要大家平常稍加注意一些就能够做到，在这里列出优生的一些常识，供大家参考，是对大家而言，较为实用的知识。

优生学是研究如何改善人类遗传素质的一门科学，可分为两个方面：一方面是研究如何使人类健康地遗传，减少以至消除遗传病和先天畸形患儿出生，被称为消极优生学或预防性优生学；另一方面是研究怎样增加体力和智力上优秀个体的繁衍，叫做积极优生学。目前，我国的优生工作，大都属于消极优生学的范围，目的就是尽力降低以至消除严重缺陷儿的孕育和诞生。

优育是促使子女各方面素质在其发育阶段可能提高的一种科学的教养方法，具有一定时期长短的界定性。广义的优育时期，应包括从婴儿一直到身体发育完全成熟、成长为劳动力的整个阶段。狭义的优育时期，专指婴儿出生到学龄儿童前这一阶段。优育的内容主要包括：（1）抚养保健。即从婴儿出生起就应注意保证营养、科学喂养、适量活动、讲究环境卫生、防止疾病，旨在提高身体素质为其主要目的；（2）教育。主要从学龄前儿童阶段抓起，结合儿童各个阶段的发育特点，抓好德育、智育、体育、美育和劳动技能等方面的培养。分家庭教育、学校教育、社会教育三个方面。这三个方面不可或缺，必须互相配合，才能有所成效。优育是优生的进一步加强和发展，是提高人口素质的一个重要环节。

通俗的讲优生就是让每个家庭都有健康的孩子，优育就是让每个出生的孩子都可以受到良好的教育。

二、 优生的措施有哪些?

我们都知道，结婚和生育是密切相关的。因此，在婚前应该进行一些必要的体格检查，了解双方家族中有无患遗传病和遗传缺陷的人。同时避免近亲结婚，因为近亲结婚所生的子女发生遗传性疾病的机会，比非近亲结婚的机会要多得多。除了疾病遗传基因外，如果染色体数目改变或染色体本身出现断裂或残缺不全，也会对后代造成巨大影响，出现种种不正常的情况。当然，引起胎儿发育不正常的因素很多。有外界因素如烟、酒、药物、不当饮食；不当运动、意外撞击；和内部因素如急慢性疾病；不良情绪等。现在有一种早期妊娠检查的方法，可以测定胎儿是否正常。如果检查结果表明胎儿发育不正常，应该尽早做人工终止妊娠。

三、 出生缺陷的预防

（一）什么是出生缺陷

出生缺陷是指婴儿出生前，在母亲的子宫内就发生了发育异常，它是由于不良的遗传因素或环境因素使胚胎的发育过程发生紊乱造成的。身体结构的畸形（表现为先天畸形，如无脑儿、脊柱裂、兔唇、四肢异常等），生理功能和代谢的异常易导致先天性智力低下（俗称“呆”“傻”）、聋、哑等缺陷。

（二）怎样预防出生缺陷的发生

1. 禁止近亲婚配。我国的《婚姻法》已明确规定禁止近亲婚配。据统计，近亲结婚所生子女先天性聋哑、小头畸形、白化病、脑积水、脊柱裂、先天性心脏病、癫痫病等遗传性疾病的发病率是非近亲结婚所生子女的一倍甚至是几百倍。

2. 婚前需做体检可及早发现男女双方不适于结婚或生育的疾病和生理缺陷。

3. 选择最佳受孕年龄。女性最佳的妊娠年龄为 23—29 周岁，男性为 25—30 周岁。

4. 进行必要的遗传咨询。对于有过习惯性流产史、生过出生缺陷儿或有遗传性疾病家庭史的夫妻，要在孕前接受医生的检查指导。

5. 忌烟忌酒。夫妻双方要在计划怀孕前的 6 个月甚至 1 年内和怀孕期，停止吸烟和大量饮酒的嗜好。

6. 孕前远离猫、狗、鸟等宠物。猫、狗、鸟等身上都有一些微生物，如弓形虫，孕妇感染后，极易引起流产、早产或死胎，接近一半的婴儿可能耳聋、失明、畸形、智力低下甚至死亡。

7. 加强孕期营养。多食鸡蛋、牛奶、鱼、动物肝肾，豆类制品，新鲜的蔬菜和水果，另外要补充富含钙、铁、碘、锌等矿物质的食物和叶酸等维生素。

8. 孕期用药要合理。为减少和避免药物致畸的危害，需要医生指导下合理用药。妊娠头 3 个月，最好不用药，或尽量少用药。准备怀孕前 6 个月应停服避孕药。

9. 避免接触放射线和有毒有害物质如农药、化肥、杀虫剂等。

10. 避免接触高温环境。不要使用电热毯，洗浴时水温也不要过热。

（三）怎样增补叶酸

1. 叶酸是什么维生素

B族维生素，产生血液中的红细胞，参与红细胞代谢，对细胞分裂及其生长具有重要作用，机体需要叶酸。

2. 孕期叶酸缺乏对孕妇和胎儿有什么影响

孕妇缺乏叶酸患巨幼红细胞贫血，胎儿患神经管畸形（如无脑儿、脊柱裂、脑积水等）的危险增加。

3. 孕期补充叶酸为什么非常重要

有效预防胎儿神经管畸形，同时对预防唇腭裂、先心病、肢体短缩等畸形有效，还可预防自然流产的发生，作用广泛。合理使用叶酸，可以减少50％－70％的神经管缺陷发生。

4. 补充叶酸还有其他什么好处

有研究显示：叶酸不仅能预防胎儿神经管畸形，而且还可降低成人发生心脏病和中风的危险性。

5. 应该补充多少量

0.4mg/天，特殊孕妇4mg/天（生过或家族中其他人曾生过神经管畸形胎儿的、患有癫痫病正在服用抗癫痫药物的、医学上诊断为肥胖的妇女）。

6. 补充叶酸的时期

怀孕前三个月到怀孕后三个月。

第三章　医疗保障和社会保险

第一节　农村医疗保障

一、 农村合作医疗制度

合作医疗是中国农民在实践中摸索出来的一个创举。它曾经享誉海内外，在新中国医疗保障史上写下了光辉的一页，也曾经衰败低迷，陷入生存困境，发展过程可谓一波三折。

（一）中国农村合作医疗的概念

关于中国农村合作医疗的概念，有多种描述。1979 年，卫生部等部委联合发布的《农村合作医疗章程（试行草案）》中规定："农村合作医疗是人民公社社员依靠集体力量在资源互助的基础上建立起来的一种社会主义性质的医疗制度，是社员群众的集体福利事业"。世界卫生组织和世界银行的专家组认为，合作医疗是由"群众筹资、采取预付医疗保险金的形式，解决群众基本医疗保健问题的一种医疗保健制度"。

（二）新型农村合作医疗及其主要做法

所谓新型农村合作医疗制度是由政府组织、引导、支持，农民自愿参加，个人、集体和政府多方筹资，以大病统筹为主的农民医疗互助共济制度。新型合作医疗制度有其特有的优势，在农村不发达地区具有适用性。广大农村落后地区在相当长的时期内，人均收入和医疗支付能力还将处于低水平，维护“低水平、广覆盖”的合作医疗是保障农民初级医疗需求的合理机制。新型农村合作医疗的主要做法有：

1. 政策制定。国务院办公厅先后转发卫生部等部门《关于建立新农合制度的意见》、《关于进一步做好新农合试点工作的指导意见》等文件，指导和规范各地新农合工作健康有序开展。卫生、财政、民政、发展改革、食品药品监管、中医药等部门，根据各自职能，从各方面制定相关政策。

2. 在中央制定的原则框架内，各地结合实际，因地制宜，注重进行探索，注重落实配套措施，注重解决突出问题，中央和地方密切配合，共同推进，有力地促进了新农合制度的顺利发展。

3. 组织管理。各省（自治区、直辖市）都成立了相关部门组成的新农合领导小组和专家技术指导组。各地县级政府成立了新农合管理委员会，下设合作医疗管理办公室，负责具体业务的经办；各县（市、区）还成立了由相关部门和农民代表组成的合作医疗监督委员会，加强对新农合运行的监管。

4. 资金筹集。各地以县（市、区）为统筹单位，实行农民个人、地方财政和中央财政共同分担的筹资机制。从 2008 年起，中央财政对中西部地区参合农民的补助增加到人均 40 元，并将计划单列市和农业人口低于 50％的市辖区全部纳入补助范围，地方财政的补助标准也相应提高到 40 元，困难地区可以分两年到位。农民个人缴费增加到 20 元，可以一步到位，也可以分两年到位。

5. 资金管理。中央和地方各级财政补助资金、农民个人缴纳资金共同形成新农合基金，在代理银行建立基金专用账户，专款专用，用于参合农民的补偿报销。做到管账的不管钱，管钱的不管账，资金封闭运行。同时，加强基金监管，确保基金安全。

6. 补偿模式。目前对参合农民的补偿方式主要分两类，第一类以补助住院费用为主，兼顾门诊补助（包括门诊统筹和门诊家庭账户），中西部省份基本采取这类方式，约占全国的 90%。第二类只对住院医药费用给予部分报销，这类方式主要集中在东部省份，约占全国的 10%。

7. 费用结算。参合农民在县内定点医疗机构就诊结算时当场结报医药费用，在规定的药品目录和诊疗目录范围内，按一定比例享受报销补偿。所需资金由定点医疗机构先行垫付，再统一与县级经办机构结算，经经办机构和财政部门审核后由代理银行直接将资金转入医疗机构银行账户。各地还积极探索开展参合农民在县外定点医疗机构就诊即时结算，方便农民就医。

8. 费用控制。各地普遍建立定点医疗机构准入机制，实行动态管理。根据基本诊疗和药品目录以及收费项目和价格，严格监管医疗机构服务行为。探索采取单病种定额付费、按人头预付、医药费用清单制，加强结算审核和补偿报销情况公示等，有效监管收费行为，切实控制医药费用。

9. 配套制度建设。一是建立农村医疗救助制度，资助贫困农民参加新农合，并对新农合补偿后个人仍难以承担医药费用的贫困农民再给予适当的医疗救助，逐步解决贫困人口看病就医和大病经济负担过重问题。二是健全农村卫生服务网络，提高医疗服务水平。各级政府加大对农村卫生的投入力度，改善农村医疗机构的服务条件；加强农村卫生人员培养和队伍建设，提高农村医疗机构的服务水平；强化农村医疗服务监管，努力降低医药费用。三是加强农村药品监督和供应网络建设，通过多种形式，保证农村药品供应质量，降低药品价格。

10. 农民参与管理。为保证新农合工作取信于民，从组织上、制度上强化新农合的监督管理，要求管理委员会和监督委员会中必须有一定比例的农民代表。各级管理部门将基金的收支情况、大病医药费用的补助情况列入了政务公开的内容，定期在县、乡、村公示，并设立监督电话、意见箱，聘请义务监督员，广泛接受农民和社会各界人士的监督。

二、 农村医疗救助制度

农村医疗救助制度是政府拨款和社会各界自愿捐助等多渠道筹资，对患大病的农村五保户和贫困农民家庭实行医疗救助的制度。2003 年 11 月，民政部、卫生部、财政部发布《关于实施农村医疗救助的意见》，我国开始实施农村医疗救助制度。其目的是将部分处于低收入甚至贫困状态的农民弱势群体纳入医疗保障体系之中，通过救助为他们提供最基本的医疗保障。农村医疗救助制度的实施有助于保障农村贫困人口的基本医疗，改善贫困人群的健康状况。

（一）农村医疗救助的内容

农村医疗救助制度的救助对象为农村五保户、农村贫困户家庭成员以及地方政府规定的其他符合条件的农村贫困农民。

1. 农村医疗救助制度的救助办法

一是在开展新型农村合作医疗的地区，资助医疗救助对象缴纳个人应负担的全部或部分资金，使其参加当地合作医疗，享受合作医疗待遇。患大病经合作医疗补助后个人负担医疗费用仍过高，影响家庭基本生活的，再给予适当的医疗救助。二是在尚未开展新型农村合作医疗的地区，对患大病个人负担费用难以承担，影响家庭基本生活的，给予适当医疗救助。三是国家规定的特种传染病救治费用，按有关规定给予补助。四是医疗救助对象全年个人累计享受医疗救助金额原则上不超过当地规定的医疗救助标准。对于特殊困难人员，可适当提高医疗救助水平。

2. 农村医疗救助申请、审批程序

首先，医疗救助实行属地化管理原则，申请人（户主）向村民委员会提出书面申请，填写申请表，如实提供医疗诊断书、医疗费用收据、必要的病史材料、已参加合作医疗按规定领取的合作医疗补助凭证、社会互助帮困情况证明等，经村民代表会议评议同意后报乡镇人民政府审核。其次，乡镇人民政府对上报的申请表和有关材料进行逐项审核，对符合医疗救助条件的上报县（市、区）民政局审批。乡镇人民政府根据需要，可以采取入户调查、邻里访问以及信函索证等方式对申请人的医疗支出和家庭经济状况等有关材料进行调查核实。第三，县级人民政府民政部门对乡镇上报的有关材料进行复审核实，并及时签署审批意见。对符合医疗救助条件的家庭核准其享受医疗救助金额，对不符合享受医疗救助条件的，应当书面通知申请人，并说明理由。最后，医疗救助金由乡镇人民政府发放，也可以采取社会化发放或其他发放办法。

3. 农村医疗救助服务内容

一是已开展新型农村合作医疗的地区，由农村合作医疗定点卫生医疗机构提供医疗救助服务；未开展新型农村合作医疗的地区，由救助对象户口所在地乡（镇）卫生院和县级医院等提供医疗救助服务。二是提供医疗救助服务的医疗卫生机构等应在规定范围内，按照本地合作医疗或医疗保险用药目录、诊疗项目目录及医疗服务设施目录，为医疗救助对象提供医疗服务。三是遇到疑难重症需转到非指定医疗卫生机构就诊时，要按当地医疗救助的有关规定办理转院手续。四是承担医疗救助的医疗卫生机构要完善并落实各种诊疗规范和管理制度，保证服务质量，控制医疗费用。

4. 农村医疗救助基金的筹集和管理

各地要建立医疗救助基金，基金主要通过各级财政拨款和社会各界自愿捐助等多渠道筹集。地方各级财政每年年初根据实际需要和财力情况安排医疗救助资金，列入当年财政预算。中央财政通过专项转移支付对中西部贫困地区农民贫困家庭医疗救助给予适当支持。中央具体补助金额由财政部、民政部根据各地医疗救助人数和财政状况以及工作成效等因素确定。医疗救助资金纳入社会保障基金财政专户。各级财政、民政部门对医疗救助资金实行专项管理，专款专用。

5. 农村医疗救助的组织与实施

地方人民政府要制订农村医疗救助管理办法，医疗救助在当地人民政府领导下由民政部门管理，并组织实施，有关部门要各负其责，积极配合，共同抓好落实。各级民政部门要认真调查研究，掌握情况，建章立制，完善程序，并做好综合协调工作。要按照公开、公平、公正的原则，实行医疗救助公示制度，接受社会和群众监督。财政部门应会同民政部门，制定医疗救助基金管理办法。县（市、区）财政部门根据审核确定的用款计划及时将医疗救助资金拨付到位。卫生部门应加强对提供医疗救助服务的医疗卫生机构等的监督管理，规范医疗服务行为，提高服务质量和效率。财政、审计部门应对医疗救助资金实施财务监管和审计，确保医疗救助资金按时拨付和合理使用，杜绝挤占挪用等现象的发生。有关单位、组织和个人应当如实提供所需情况，配合有关医疗救助工作的调查。

（二）农村医疗救助模式

在实施农村医疗救助过程中，各省、市、自治区从当地经济条件、社会发展水平、困难群众等自身的实际情况出发，形成了不同的农村医疗救助模式。

按救助对象可以分为对贫困群体救助模式和贫困群体与非贫困群体兼顾救助模式。大部分省市区采取贫困群体救助模式，将救助对象定为农村五保户、农村特困户、乡重点贫困优抚对象以及一些临时性的突发贫困对象。少数省区，如吉林、新疆等，除上述对象外，还将农村见义勇为人员列为农村医疗救助对象；甘肃则将农村独生子女领证户列为农村医疗救助对象。

按救助内容一般分为大病救助模式、大病与常见病兼顾救助模式和以常见病为主的救助模式。上海、湖南、辽宁、西藏、甘肃等省市区采取大病救助模式，明确救助的疾病种类；河北、陕西、新疆等省采取大病和常见病兼顾的模式。这些地方由于没有规定大病种类，实施救助过程中就比较复杂，往往将大病和常见病混在一起；青海、宁夏等省则采取常见病救助为主兼顾大病救助的模式。这些省、区以门诊补助为主，以大病救助为辅。

按救助方式可以分为政策减免、现金支付为主模式和政策减免、现金支付与服务照顾兼顾模式。大多数省、市、区以政策减免和现金支付为主。其中，湖南等省以救助资金支付为主，政策减免的力度较小或基本没有减免。河北等省虽有现金支付，但政策减免力度较大，如免收挂号费，减免门诊费和住院费等。上海市出台的农村医疗救助政策中，既有政策减免，又有现金支付及医疗服务内容。

三、 农村医疗卫生服务

农村卫生服务体系主要由县、乡、村三级卫生机构组成。政府举办的县级卫生机构是农村预防保健和医疗服务的业务指导中心，承担农村预防保健、疾病控制、基本医疗、基层转诊、急救及基层卫生人员的培训和业务指导。乡镇卫生院以公共卫生服务为主，综合提供预防保健和基本医疗等服务，也承担部分公共卫生管理任务。村卫生室开展常见病的初级诊治，承担预防保健、疫情报告等方面的公共卫生任务。医疗卫生服务的状况直接关系到农村居民看病就医的现实问题，关系到维护广大农民身体健康、保护农村生产力、振兴农村经济、维护农村社会发展和稳定的大局。

四、 商业医疗保险

商业医疗保险逐渐成为农民健康保障制度的补充形式，其参加对象主要是较为富裕的农民，以“住院大病保险”为主，由保险公司主办，以特定人群的健康者为投保对象，每年缴纳一次的保险费后，发生保险责任时规定医药费用给予一次或多次报销。

由于农村社会的纵向化发展，农村社会分层与分化严重。新农合低水平的保障已经不能满足一些有钱、有能力的农民的需要，随着这部分人对健康和医疗服务水平的要求迅速提高，相关部门应培育其保险意识，鼓励其通过购买商业健康保险规避健康风险，以发挥商业健康保险的补充作用，满足农民对健康保障的差异化需求。同时，商业保险的发展面临以下困境：首先，在整个医疗保障体系中，商业健康保险在农村还几乎是空白；在发达地区，买商业医疗保险的农民也只占极小的比例。其次，政府对商业医疗的政策定位不当，政府没有给商业医疗保险留足政策的空间，很多地方政府担心商业保险和新农合之间产生矛盾。最后，由于商业医疗保险宣传不够以及农民自身认知原因，农民对商业医疗保险的认识不正确，这也影响到商业医疗保险的进一步发展。

第二节 农村社会保险

农村社会保险体系是指农村各项社会保险所构成的一个整体，在我国目前情况下，是由农民的社会保险、农村集体经济组织的社会保险和农村国有企事业单位的社会保险所组成。

一、农民退休养老金制度

农民退休养老金制度，国家没有统一规定，一般由各地根据自身的经济条件，由农民群众民主讨论确定。目前，主要在经济条件较好的地区推行。各地农村具体做法虽不一样，但综合来看，大致包括如下内容：

（一）退休养老条件：1. 男性年满 65 周岁，女性年满 55 周岁，即可退休；或者夫妻双方都年满 60 周岁的，才可退休。2. 因病丧失劳动能力，经医院证明，群众评议，男性年满 50 周岁，女性年满 45 周岁的，或者夫妻双方都年满 55 周岁，可以提前退休；还有的只规定因工残废丧失劳动能力的才可退休。3. 少数地方规定，只对年事已高，不能胜任工作的老干部、老党员、老劳模，即“三老”人员才实行退休制度。

（二）退休养老金标准：大多数乡村实行按基本养老补助费加农龄补助费的办法确定养老金标准。其步骤是：根据本地的经济水平，首先确定基本养老补助费（又叫基金或底金）和农龄补助费数额，然后根据本人参加集体劳动的时间（即农龄长短）计发养老金。由于全国各地情况不同，标准也不一样。

（三）退休养老金经费的筹集：退休养老金经费一般是由各乡村自行筹集的。筹集的方法大致有两种。一种是由乡（镇）、村、组三级共同协商、分别负担。其分担比例，由协商而定。如有的规定乡负担50%，村负担30%～40%，自然村负担10%～20%；另一种是全部由乡或村负担。

费用开支渠道，各地也不尽相同。一种是从乡镇公益金中开支，或者从乡镇公共积累中按一定的比例（如10%）直接提取开支，不足部分由乡镇企业上缴利润填补。另一种是乡村分担的退休养老金，从乡镇企业税后利润的福利基金中开支，自然村分担的从公益金中开支。还有一种是务工劳力的退休养老金，从乡镇企业税后利润的福利基金中开支。

此外，如果农民个人参加了由保险公司举办的养老金保险，这种资金的筹集与负担方法就完全不同了。由农民个人每月缴纳一定的保险费，到一定年龄后可以按月到保险公司每月缴纳一定的保险费，到一定年龄后可以按月到保险公司领取养老金。

总之，我国农村退休养老制度还处于初步发展阶段，它的健全与完善有赖于农村经济实力的增强和集体经济的壮大。

二、　农村低保与五保

五保户供养和低保户扶持是我国农村的两项社会救助制度。现阶段，五保户一般享受政府全资供养和社会照顾，低保户一般享受其自主生产经营收入不达贫困线的那部分差额的社会救助。

（一）低保

1. 农村低保的对象。农村最低生活保障对象是家庭年人均纯收入低于当地最低生活保障标准的农村居民，主要是因病残、年老体弱、丧失劳动能力以及生存条件恶劣等原因造成生活常年困难的农村居民。

2. 标准确立依据。农村最低生活保障标准由县级以上地方人民政府按照能够维持当地农村居民全年基本生活所必需的吃饭、穿衣、用水、用电等费用确定，并报上一级地方人民政府备案后公布执行。农村最低生活保障标准要随着当地生活必需品价格变化和人民生活水平提高适时进行调整。

3. 资金来源。农村最低生活保障资金的筹集以地方为主，地方各级人民政府要将农村最低生活保障资金列入财政预算，省级人民政府要加大投入。地方各级民政部门要根据保障对象人数等提出资金需求，经同级财政部门审核后列入预算。中央财政对财政困难地区给予适当补助。

4. 申请条件：（1）凡具有本市正式农业户口，家庭年人均收入低于户籍所在区县当年农村低保标准的农村居民均属保障范围。（2）夫妻一方持有本市农业户口，其配偶及子女为外省市或本市其他区县农业户口，在现居住地定居一年以上，家庭年人均收入低于所在区县当年农村低保标准的人员。（3）其他符合享受农村低保待遇的人员。（4）具有正常劳动能力，无正当理由拒绝劳动而造成生活困难的人员以及采取规避法律（法规）行为造成无经济来源、生活困难的人员不属于农村低保范围。

5. 办理程序：（1）农村低保金的申请、审核和审批。申请农村最低生活保障，一般由户主本人向户籍所在地的乡（镇）人民政府提出申请；村民委员会受乡（镇）人民政府委托，也可受理申请。受乡（镇）人民政府委托，在村党组织的领导下，村民委员会对申请人开展家庭经济状况调查，组织村民会议或村民代表会议民主评议后提出初步意见，报乡（镇）人民政府；乡（镇）人民政府审核后，报县级民政部门审批。乡（镇）人民政府和县级民政部门要核查申请人的家庭收入，了解其家庭财产、劳动力状况和实际生活水平，并结合村民民主评议，提出审核、审批意见。在核算申请人家庭收入时，申请人家庭按国家规定所获得的优待抚恤金、计划生育奖励与扶助金以及教育、见义勇为等方面的奖励性补助，一般不计入家庭收入，具体核算办法由地方人民政府确定。对最低生活保障对象的申请情况和对最低生活保障对象的民主评议意见，审核、审批意见，实际补助水平等情况要向社会公示。(2) 农村低保金的发放。农村最低生活保障金原则上按照申请人家庭年人均纯收入与保障标准的差额发放，也可以在核查申请人家庭收入的基础上，按照其家庭的困难程度和类别，分档发放。

(二) 五保

五保制度是针对农村缺乏或丧失劳动能力、无依无靠、没有生活来源的老弱、孤寡、残疾人员提供保吃、保穿、保医、保住、保葬（或保教）等综合援助的一种社会救助制度。

1. 供养对象与业务规范

根据《五保条例》的规定，五保供养对象为“老年、残疾或者未满 16 周岁的村民，无劳动能力、无生活来源又无法定赡养、抚养、扶养义务人，或者其法定赡养、抚养、扶养义务人无赡养、抚养、扶养能力的，享受农村五保供养待遇”。五保供养的业务流程主要包括如下环节：

(1) 申请。享受农村五保供养待遇，应当由村民本人向村民委员会提出申请；因年幼或者智力残疾无法表达意愿的，由村民小组或者其他村民代为提出申请。

(2) 审核。经村民委员会民主评议，对符合规定条件的，在本村范围内公告；无重大异议的，由村民委员会将评议意见和有关材料报送乡、民族乡、镇人民政府审核。乡、民族乡、镇人民政府应当对申请人的家庭状况和经济条件进行调查核实；必要时，县级人民政府民政部门可以进行复核。申请人、有关组织或者个人应当配合、接受调查，如实提供有关情况。乡、民族乡、镇人民政府应当自收到评议意见之日起 20 日内提出审核意见，并将审核意见和有关材料报送县级人民政府民政部门审批。

（3）审批。县级人民政府民政部门应当自收到审核意见和有关材料之日起 20 日内作出审批决定：对批准给予农村五保供养待遇的，发给《农村五保供养证书》；对不符合条件不予批准的，应当书面说明理由。

（4）核销。根据《五保条例》的规定，在两种情况下需要核销五保供养待遇：一是农村五保供养对象不再符合规定条件的，村民委员会或者敬老院等农村五保供养服务机构（以下简称农村五保供养服务机构）应当向乡、民族乡、镇人民政府报告，由乡、民族乡、镇人民政府审核并报县级人民政府民政部门核准后，核销其《农村五保供养证书》；二是农村五保供养对象死亡，丧葬事宜办理完毕后，村民委员会或者农村五保供养服务机构应当向乡、民族乡、镇人民政府报告，由乡、民族乡、镇人民政府报县级人民政府民政部门核准后，核销其《农村五保供养证书》。

2. 供养内容与供养标准

根据《五保条例》的规定，农村五保供养包括下列供养内容：①供给粮油、副食品和生活用燃料；②供给服装、被褥等生活用品和零用钱；③提供符合基本居住条件的住房；④提供疾病治疗，对生活不能自理的给予照料；⑤办理丧葬事宜。农村五保供养对象未满 16 周岁或者已满 16 周岁仍在接受义务教育的，应当保障他们依法接受义务教育所需费用。农村五保供养对象的疾病治疗，应当与当地农村合作医疗和农村医疗救助制度相衔接。

农村五保供养标准不得低于当地村民的平均生活水平，并根据当地村民平均生活水平的提高适时调整。农村五保供养标准，可以由省、自治区、直辖市人民政府制定，在本行政区域内公布执行，也可以由设区的市级或者县级人民政府制定，报所在的省、自治区、直辖市人民政府备案后公布执行。国务院民政部门、国务院财政部门应当加强对农村五保供养标准制定工作的指导。

3. 资金来源与供养形式

根据《五保条例》的规定，“农村五保供养资金，在地方人民政府财政预算安排”，将供养经费由过去的集体统筹改为政府财政负担，这是2006年新颁行的《五保条例》相较于1994年颁行的《农村五保供养工作条例》作出的一项重大调整。《五保条例》同时规定，有农村集体经营等收入的地方，可以从农村集体经营等收入中安排资金，用于补助和改善农村五保供养对象的生活；农村五保供养对象将承包土地交由他人代耕的，其收益归该农村五保供养对象所有；中央财政对财政困难地区的农村五保供养，在资金上给予适当补助；农村五保供养资金，应当专门用于农村五保供养对象的生活，任何组织或者个人不得贪污、挪用、截留或者私分。国家鼓励社会组织和个人为农村五保供养对象和农村五保供养工作提供捐助和服务。

4. 管理监督与法律责任

（1）管理体制。国务院民政部门主管全国的农村五保供养工作；县级以上地方各级人民政府民政部门主管本行政区域内的农村五保供养工作。乡、民族乡、镇人民政府管理本行政区域内的农村五保供养工作。各级人民政府应当把农村五保供养服务机构建设纳入经济社会发展规划；县级人民政府和乡、民族乡、镇人民政府应当为农村五保供养服务机构提供必要的设备、管理资金，并配备必要的工作人员。村民委员会协助乡、民族乡、镇人民政府开展农村五保供养工作。

（2）监督管理。县级以上人民政府应当依法加强对农村五保供养工作的监督管理。县级以上地方各级人民政府民政部门和乡、民族乡、镇人民政府应当制定农村五保供养工作的管理制度，并负责督促实施。财政部门应当按时足额拨付农村五保供养资金，确保资金到位，并加强对资金使用情况的监督管理。审计机关应当依法加强对农村五保供养资金使用情况的审计。农村五保供养待遇的申请条件、程序、民主评议情况以及农村五保供养的标准和资金使用情况等，应当向社会公告，接受社会监督。农村五保供养服务机构应当遵守治安、消防、卫生、财务会计等方面的法律、法规和国家有关规定，向农村五保供养对象提供符合要求的供养服务，并接受地方人民政府及其有关部门的监督管理。

（3）法律责任。违反《五保条例》的规定，有关行政机关及其工作人员有下列行为之一的，对直接负责的主管人员以及其他直接责任人员依法给予行政处分；构成犯罪的，依法追究刑事责任：对符合农村五保供养条件的村民不予批准享受农村五保供养待遇的，或者对不符合农村五保供养条件的村民批准其享受农村五保供养待遇的；贪污、挪用、截留、私分农村五保供养款物的；有其他滥用职权、玩忽职守、徇私舞弊行为的。

违反《五保条例》规定，村民委员会组成人员贪污、挪用、截留农村五保供养款物的，依法予以罢免；构成犯罪的，依法追究刑事责任；农村五保供养服务机构工作人员私分、挪用、截留农村五保供养款物的，予以辞退；构成犯罪的，依法追究刑事责任；村民委员会或者农村五保供养服务机构对农村五保供养对象提供的供养服务不符合要求的，由乡、民族乡、镇人民政府责令限期改正；逾期不改正的，乡、民族乡、镇人民政府有权终止供养服务协议；造成损失的，依法承担赔偿责任。

第四部分
出门在外不容易，权益受害找法律

第一章　劳动与社会保障

第一节　劳动合同

随着经济的日渐发展，许多农民出外务工，劳动合同的签订对于农民劳动及各项权利的保护至关重要。

一、劳动合同制度

劳动合同是规范用人单位与劳动者确定劳动关系，明确双方间权利与义务的书面协议。

（一）劳动合同的种类及效力

劳动合同根据《劳动合同法》的规定分为固定期限劳动合同、无固定期限劳动合同以及以完成一定工作任务为期限的劳动合同。

1. 固定期限劳动合同

固定期限劳动合同，是指用人单位与劳动者约定合同终止时间的劳动合同。签订期限界至时，用人单位与劳动者将终止劳动关系。签订固定期限劳动合同的次数将对双方是否需要签订无固定期限劳动合同造成影响。

2. 无固定期限劳动合同

无固定期限劳动合同，是指用人单位与劳动者约定无确定终止时间的劳动合同。用人单位与劳动者协商一致可以签订该种类合同。但是在以下情况中，根据《劳动合同法》第 14 条，劳动者提出或者同意续订、订立劳动合同的，除劳动者提出订立固定期限劳动合同外，应当订立无固定期限劳动合同：（1）劳动者在该用人单位连续工作满十年的；（2）用人单位初次实行劳动合同制度或者国有企业改制重新订立劳动合同时，劳动者在该用人单位连续工作满十年且距法定退休年龄不足十年的；（3）连续订立二次固定期限劳动合同，且劳动者没有本法第 39 条和第 40 条第 1—2 项规定的情形（见后文过失性辞退与无过失性辞退），续订劳动合同的。用人单位自用工之日起满 1 年不与劳动者订立书面劳动合同的，也视为用人单位与劳动者已订立无固定期限劳动合同。

（二）劳动合同的必备条款及可备条款

劳动合同的必备条款为劳动合同中必须具备的条款，必备条款的缺少可能导致劳动合同的无效。《劳动合同法》规定的必备条款有 9 项：1. 用人单位的名称、住所和法定代表人或者主要负责人；2. 劳动者的姓名、住址和居民身份证或者其他有效身份证件号码；3. 劳动合同期限；4. 工作内容和工作地点；5. 工作时间和休息休假；6. 劳动报酬；7. 社会保险；8. 劳动保护、劳动条件和职业危害防护；9. 法律、法规规定应当纳入劳动合同的其他事项。

劳动合同中的可备条款为劳动合同中非必须具有的条款。可备条款的缺少并不会影响劳动合同的效力。可备条款主要有试用期条款、培训条款、保守秘密条款、补充保险和福利待遇条款等。

（三）劳动合同的履行及变更

劳动合同的履行。用人单位与劳动者应当按照劳动合同的约定，全面履行各自的义务。劳动者劳动最主要的目的是获得报酬，因此用人单位应当按照劳动合同约定和国家规定，向劳动者及时足额支付劳动报酬。用人单位拖欠或者未足额支付劳动报酬的，劳动者可以依法向当地人民法院申请支付令，人民法院应当依法发出支付令。用人单位也应当严格执行劳动定额标准，不得强迫或者变相强迫劳动者加班。用人单位安排加班的，应当按照国家有关规定向劳动者支付加班费。劳动者有权拒绝用人单位管理人员违章指挥、强令冒险作业，有权对用人单位提出批评、检举和控告。

劳动合同的变更。用人单位与劳动者协商一致，可以变更劳动合同约定的内容。变更劳动合同，应当采用书面形式。用人单位变更名称、法定代表人、主要负责人或者投资人等事项，不影响劳动合同的履行。用人单位发生合并或者分立等情况，原劳动合同继续有效，劳动合同由承继其权利和义务的用人单位继续履行。

（四）劳动合同的解除及终止

劳动合同的解除，指劳动合同双方依法终止劳动合同的法律行为。劳动合同解除的方式分为三种，协议解除、劳动者单方解除以及用人单位单方解除。

劳动合同的解除可能会涉及经济补偿金支付的问题。经济补偿金，根据《劳动法》第47条的规定，按劳动者在本单位工作的年限，每满一年支付一个月工资的标准向劳动者支付。六个月以上不满一年的，按一年计算；不满六个月的，向劳动者支付半个月工资。劳动者月工资高于用人单位所在直辖市、设区的市级人民政府公布的本地区上年度职工月平均工资三倍的，向其支付经济补偿的标准按职工月平均工资三倍的数额支付，向其支付经济补偿的年限最高不超过十二年。月工资为劳动者在劳动合同解除或者终止前十二个月的平均工资。

1. 协议解除

协议解除，根据《劳动合同法》第 36 条规定，仅需用人单位与劳动者协商一致。协议解除的，用人单位需要支付劳动者经济补偿金。

2. 劳动者单方解除

劳动者单方解除，是劳动者单方提出的使劳动合同终止的法律行为。劳动者单方提出解除劳动合同的情形可以分为两种：（1）劳动者提前通知解除劳动合同。劳动者提前 30 日以书面形式通知用人单位，可以解除劳动合同。劳动者在试用期内提前 3 日通知用人单位，可以解除劳动合同。在这种情形下，用人单位不需要支付经济补偿金。（2）劳动者因用人单位过错单方面解除。用人单位过错的情形根据《劳动合同法》第 38 条有：①未按照劳动合同约定提供劳动保护或者劳动条件的；②未及时足额支付劳动报酬的；③未依法为劳动者缴纳社会保险费的；④用人单位的规章制度违反法律、法规的规定，损害劳动者权益的；⑤因用人单位过错致使劳动合同无效的；⑥法律、行政法规规定劳动者可以解除劳动合同的其他情形。用人单位以暴力、威胁或者非法限制人身自由的手段强迫劳动者劳动的，或者用人单位违章指挥、强令冒险作业危及劳动者人身安全的，劳动者可以立即解除劳动合同，不需事先告知用人单位。在这种情形下，用人单位需要支付经济补偿金。

3. 用人单位单方面解除

用人单位单方面解除，是指用人单位单方提出的使劳动合同终止的法律行为。用人单位单方面情况分为过失性辞退与无过失性辞退。用人单位仅在无过失性辞退的情形中需要支付经济补偿金。（1）过失性辞退，用人单位在劳动者具有过错的情形下对其进行辞退。过错的情形，根据《劳动合同法》第39条有：①劳动者在试用期间被证明不符合录用条件的；②劳动者严重违反用人单位的规章制度的；③劳动者严重失职，营私舞弊，给用人单位造成重大损害的；④劳动者同时与其他用人单位建立劳动关系，对完成本单位的工作任务造成严重影响，或者经用人单位提出，拒不改正的；⑤因劳动者过错致使劳动合同无效的；⑥劳动者被依法追究刑事责任的。（2）无过失性辞退。无过失性辞退是指用人单位在劳动者没有过错的情形下辞退劳动者。根据《劳动合同法》第40条，有下列情形之一的，用人单位提前30日以书面形式通知劳动者本人或者额外支付劳动者一个月工资后，可以解除劳动合同：①劳动者患病或者非因工负伤，在规定的医疗期满后不能从事原工作，也不能从事由用人单位另行安排的工作的；②劳动者不能胜任工作，经过培训或者调整工作岗位，仍不能胜任工作的；③劳动合同订立时所依据的客观情况发生重大变化，致使劳动合同无法履行，经用人单位与劳动者协商，未能就变更劳动合同内容达成协议的。④经济性裁员。主要的情形有：企业依照企业破产法规定进行重整；企业生产经营发生严重困难；企业转产、重大技术革新或者经营方式调整，经变更劳动合同后，仍需裁减人员；其他因劳动合同订立时所依据的客观经济情况发生重大变化，致使劳动合同无法履行。

用人单位不得解除劳动合同的情形。《劳动合同法》第42条规定了用人单位不能解除劳动者的情形：（1）从事接触职业病危害作业的劳动者未进行离岗前职业健康检查，或者疑似职业病病人在诊断或者医学观察期间的；（2）在本单位患职业病或者因工负伤并被确认丧失或者部分丧失劳动能力的；（3）患病或者非因工负伤，在规定的医疗期内的；（4）女职工在孕期、产期、哺乳期的；（5）在本单位连续工作满十五年，且距法定退休年龄不足五年的；（6）法律、行政法规规定的其他情形。

劳动合同的终止。根据《劳动合同法》第44条，出现以下情形时劳动合同自然终止：（1）劳动合同期满的；（2）劳动者开始依法享受基本养老保险待遇的；（3）劳动者死亡，或者被人民法院宣告死亡或者宣告失踪的；（4）用人单位被依法宣告破产的；（5）用人单位被吊销营业执照、责令关闭、撤销或者用人单位决定提前解散的；（6）法律、行政法规规定的其他情形。用人单位仅在第1、4、5种情形下需要支付劳动者经济补偿金。在第1种情形中如果用人单位维持或者提高劳动合同约定条件续订劳动合同，劳动者不同意续订，用人单位不需要支付经济补偿金。

二、劳动者及用人单位的各自权利与义务

（一）劳动者的权利和义务

劳动者的权利和义务是劳动者在劳动法律关系中享有的权利与所应承担的义务。根据《劳动法》第3条，劳动者享有平等就业和选择职业的权利、取得劳动报酬的权利、休息休假的权利、获得劳动安全卫生保护的权利、接受职业技能培训的权利、享受社会保险和福利的权利、提请劳动争议处理的权利以及法律规定的其他劳动权利。享受权利的同时，劳动者应当完成劳动任务，提高职业技能，执行劳动安全卫生规程，遵守劳动纪律和职业道德。

1. 工资制度。我国劳动规定了对劳动者工资的支付应当遵循按劳分配原则，实行同工同酬。我国实行最低工资制度，用人单位支付劳动者的工资不得低于当地最低工资标准。最低工资的具体标准由省、自治区、直辖市人民政府规定，报国务院备案。

工资以货币形式按月支付给劳动者本人。劳动者在法定休假日和婚丧假期间以及依法参加社会活动期间，用人单位应当依法支付工资。

2. 休息休假制度。休息休假制度包括国家工时制度，休息保障制度，法定节假日制度，工时延长制度。各项制度规定见《劳动法》的第四章。（1）国家工时制度规定，国家实行劳动者每日工作时间不超过八小时、平均每周工作时间不超过四十四小时的工时制度。（2）休息保障制度规定，用人单位应当保证劳动者每周至少休息一日。法定节假日制度规定用人单位应当在法定的节假日安排劳动者休息。（3）工时延长制度，规定用人单位由于生产经营需要，经与工会和劳动者协商后可以延长工作时间，一般每日不得超过一小时；因特殊原因需要延长工作时间的，在保障劳动者身体健康的条件下延长工作时间每日不得超过三小时，但是每月不得超过三十六小时。延长不受上述规定限制的例外情形有：①发生自然灾害、事故或者因其他原因，威胁劳动者生命健康和财产安全，需要紧急处理的；②生产设备、交通运输线路、公共设施发生故障，影响生产和公众利益，必须及时抢修的；③法律、行政法规规定的其他情形。延长工时后的报酬办法规定如下：①安排劳动者延长工作时间的，支付不低于工资的百分之一百五十的工资报酬；②休息日安排劳动者工作又不能安排补休的，支付不低于工资的百分之二百的工资报酬；③法定休假日安排劳动者工作的，支付不低于工资的百分之三百的工资报酬。

（二）用人单位的权利和义务

用人单位的权利和义务是用人单位在劳动法律关系中享有的权利与所应承担的义务。根据《劳动法》第 4 条，用人单位应当依法建立和完善规章制度，保障劳动者享有劳动权利和履行劳动义务。用人单位理所应当地享有接受劳动者劳动的权利。

第二节 安全生产、社会保障与职业病防治

无论生活还是工作过程中，安全总是第一位，务工者要时刻牢记这一点，要注意生产过程中的安全与职业病的防范。

一、安全生产

（一）劳动安全卫生制度

为了保护劳动者的生命健康安全，用人单位应当根据《劳动法》的规定，建立、健全劳动安全卫生制度，严格执行国家劳动安全卫生规程和标准，对劳动者进行劳动安全卫生教育，防止劳动过程中的事故，减少职业危害。劳动安全卫生设施必须符合国家规定的标准。新建、改建、扩建工程的劳动安全卫生设施必须与主体工程同时设计、同时施工、同时投入生产和使用。用人单位应当为劳动者提供符合国家规定的劳动安全卫生条件和必要的劳动防护用品，对从事有职业危害作业的劳动者应当定期进行健康检查。

（二）职业培训制度

职业培训制度需要政府与用人单位一同完成。各级人民政府应当把发展职业培训纳入社会经济发展的规划，鼓励和支持有条件的企业、事业组织、社会团体和个人进行各种形式的职业培训。用人单位应当建立职业培训制度，按照国家规定提取和使用职业培训经费，根据本单位实际，有计划地对劳动者进行职业培训。从事技术工种的劳动者，上岗前必须经过培训。

二、 社会保障

参与到生产中的农民就有权利享有法律、法规提供的各项保障。这个保障通常称为“五险一金”。很多农民朋友意识不到这一点，尤其需要注意一下。很多农民朋友只是短期打工，许多人的住房公积金并未缴纳，但是五险则是自己应得的权利。

（一）养老保险

养老保险缴纳主体。《社会保险法》第10条规定，基本养老保险，由用人单位和职工共同缴纳。基本养老保险实行社会统筹与个人账户相结合。用人单位应当按照国家规定的本单位职工工资总额的比例缴纳基本养老保险费，记入基本养老保险统筹基金。

（二）医疗保险

医疗保险缴纳主体。《社会保险法》第23条规定，基本医疗保险，由用人单位和职工按照国家规定共同缴纳基本医疗保险费。职工基本医疗保险、新型农村合作医疗和城镇居民基本医疗保险的待遇标准按照国家规定执行。

（三）失业保险

失业保险缴纳主体。《社会保险法》第44条规定，失业保险，由用人单位和职工按照国家规定共同缴纳失业保险费。失业保险金的标准，由省、自治区、直辖市人民政府确定，不得低于城市居民最低生活保障标准。

（四）工伤保险

工伤保险缴纳主体。《社会保险法》第33条规定，职工应当参加工伤保险，由用人单位缴纳工伤保险费，职工不缴纳工伤保险费。

缴费标准。国家根据不同行业的工伤风险程度确定行业的差别费率，并根据使用工伤保险基金、工伤发生率等情况在每个行业内确定费率档次。行业差别费率和行业内费率档次由国务院社会保险行政部门制定，报国务院批准后公布施行。社会保险经办机构根据用人单位使用工伤保险基金、工伤发生率和所属行业费率档次等情况，确定用人单位缴费费率。用人单位应当按照本单位职工工资总额，根据社会保险经办机构确定的费率缴纳工伤保险费。

（五）生育保险

生育保险缴纳主体。根据《社会保险法》第53条，生育保险，由用人单位按照国家规定缴纳生育保险费，职工不缴纳生育保险费。

三、职业病防治

（一）职业病的认识

职业病是指企业、事业单位和个体经济组织等用人单位的劳动者在职业活动中，因接触粉尘、放射性物质和其他有毒、有害因素而引起的疾病。例如尘肺病、接触性皮炎、化学性眼部灼伤、石棉所致肺癌等。要构成《中华人民共和国职业病防治法》中所规定的职业病必须具备四个条件：①患病主体是企业、事业单位或个体经济组织的劳动者；②必须是在从事职业活动的过程中产生的；③必须是因接触粉尘、放射性物质和其他有毒、有害物质等职业病危害因素引起的；④必须是国家公布的职业病分类和目录所列。

（二）容易发生职业病的行业、工种

从职业病危害因素分类来看，容易引发职业病的行业、工种有以下几类。

1. 与粉尘相关行业、工种。如：矿山开采、轧石粉碎、水泥生产、耐火保温、陶瓷、铸造、翻砂、各种打磨、电焊。

2. 与苯、甲苯、二甲苯、甲醛相关行业、工种。如：油漆涂料制造及使用、玻璃钢、皮鞋、箱包、精细化工、家具、玩具制作。

3. 与铅相关行业、工种。如：蓄电池、探伤防护器材、冶炼。

4. 与汞相关行业、工种。如：灯具、医用仪表制造。

5. 与噪声相关行业、工种。如：纺织、机械制造、电线电缆、各种碾磨、粉碎、爆破。

6. 与放射线相关行业、工种。如：X 光透视、探伤、放射性治疗仪操作。

而职业病一般又会表现为以下类型：

1. 矽尘肺。例如：碎石设备作业、爆破作业。

2. 水泥尘肺。例如：水泥搬运、投料、拌和。

3. 电焊尘肺。例如：手工电弧焊、气焊作业。

4. 锰及其化合物中毒。例如：手工电弧焊作业。

5. 氮氧化物中毒。例如：手工电弧焊、电渣焊、气割、气焊作业。

6、一氧化碳中毒。例如：手工电弧焊、电渣焊、气割、气焊作业。

7. 苯中毒。例如：油漆作业、防腐作业。

8. 甲苯中毒。例如：油漆作业、防水作业、防腐作业。

9. 二甲苯中毒。例如：油漆作业、防水作业、防腐作业。

10. 中暑。例如：高温作业。

11. 手臂振动病。例如：操作混凝土振动棒、风镐作业。

12. 接触性皮炎。例如：混凝土搅拌机械作业、油漆作业、防腐作业。

13. 电光性皮炎。例如：手工电弧焊、电渣焊、气割作业。

14. 电光性眼炎。例如：手工电弧焊、电渣焊、气割作业。

15. 噪声致聋。例如：木工圆锯、平刨操作，无齿锯切割作业，卷扬机操作，混凝土振捣作业。

16. 苯致白血病。例如：油漆作业、防腐作业。

（三）职业病的防治

1. 用人单位履行职业病防治的主要职责

用人单位应当履行的职责包括：健康保障义务，为劳动者提供符合国家职业卫生标准和卫生要求的工作场所、环境和条件；职业卫生管理义务；保险义务，用人单位应当依法参加工伤社会保险；报告义务，用人单位应当及时如实向卫生行政部门申报职业病危害项目，报告职业病危害事故和职业病危害检测、评价结果；卫生防护义务，用人单位必须设置有效的职业病防护设施，并为劳动者提供个人防护用品；职业病危害检测义务，用人单位应当定期对工作场所进行职业病危害检测、评价；职业病危害告知义务，用人单位应当知悉其产生的职业病危害，不得隐瞒其危害；及时控制职业病危害事故义务；培训教育义务，用人单位对劳动者应当进行上岗前、在岗期间的职业卫生培训和教育；健康监护义务，用人单位应当组织从事接触职业病危害因素的劳动者进行上岗前、在岗期间和离岗时的职业健康检查；落实职业病患者待遇义务；特殊劳动者保护义务，用人单位不得安排未成年人从事接触职业病危害因素的作业；不得安排孕妇、哺乳期的女工从事对本人和胎儿、婴儿有危害的作业；劳动者申请职业病诊断或鉴定时，用人单位应当如实提供职业病诊断所需的有关职业卫生和健康监护等资料。

2. 《职业病防治法》赋予劳动者 8 项权利

（1）知情权

根据职业病防治法的规定，产生职业病危害的用人单位，应当在醒目位置设置公告栏，公布有关职业病防治的规章制度、操作规程、职业病危害事故应急救援措施和工作场所职业病危害因素检测结果。对产生严重职业病危害的作业岗位，应当在其醒目位置，设置警示标识和中文警示说明。向用人单位提供可能产生职业病危害的设备、化学品、放射性同位素和含有放射性物质的材料的，应当提供中文说明书，并在设备的醒目位置设置警示标识和中文警示说明。职业病防治法还规定，用人单位与劳动者订立劳动合同（含聘用合同）时，应当将工作过程中可能产生的职业病危害及其后果、职业病防护措施和待遇等如实告知劳动者，并在劳动合同中写明，不得隐瞒或者欺骗。对从事接触职业病危害的作业的劳动者，用人单位应当组织上岗前、在岗期间和离岗时的职业健康检查，并将检查结果如实告知劳动者。劳动者有权了解工作场所产生或者可能产生的职业病危害因素、危害后果和应当采取的职业病防护措施。

（2）培训权

用人单位应当对劳动者进行上岗前的职业卫生培训和在岗期间的定期职业卫生培训，普及职业卫生知识，督促劳动者遵守职业病防治法律、法规、规章和操作规程，指导劳动者正确使用职业病防护设备和个人使用的职业病防护用品。劳动者应当学习和掌握相关的知识，遵守相关的法律、法规、规章和操作规程，正确使用、维护职业病防护设备和个人使用的职业病防护用品。劳动者有权获得职业卫生教育、培训。这些都是职业病防治法规定的内容。

（3）拒绝冒险权

根据《职业病防治法》的规定，劳动者有权拒绝在没有职业病防护措施下从事职业危害作业，有权拒绝违章指挥和强令的冒险作业。用人单位若与劳动者设立劳动合同时，没有将可能产生的职业病危害及其后果等告知劳动者，劳动者有权拒绝从事存在职业病危害的作业，用人单位不得因此解除或者终止与劳动者所订立的劳动合同。

（4）检举、控告权

职业病防治法在总则中就明确规定，任何单位和个人有权对违反本法的行为进行检举和控告。对违反职业病防治法律、法规以及危及生命健康的行为提出批评、检举和控告，是职业病防治法赋予劳动者一项职业卫生保护权利。用人单位若因劳动者依法行使检举、控告权而降低其工资、福利等待遇或者解除、终止与其订立劳动合同，职业病防治法明确规定这种行为是无效的。

（5）特殊保障权

未成年人、女职工、有职业禁忌的劳动者，在职业病防治法中享有特殊的职业卫生保护的权利。根据职业病防治法规定，产生职业病危害的用人单位在工作场所应有配套的更衣间、洗浴间、孕妇休息间等卫生设施。国家对从事放射、高毒等作业实行特殊管理。用人单位不得安排未成年工从事接触职业病危害的作业，不得安排孕期、哺乳期的女职工从事对本人和胎儿、婴儿有危害的作业，不得安排有职业禁忌的劳动者从事其所禁忌的作业。

（6）参与决策权

参与用人单位职业卫生工作的民主管理，对职业病防治工作提出意见和建议，是职业病防治法规定的劳动者所享有的一项职业卫生保护权利。劳动者参与用人单位职业卫生工作的民主管理，是职业病防治工作的特点所决定的，也是确保劳动者权益的有效措施。劳动者本着搞好职业病防治工作，应对所在的用人单位的职业病防治管理工作是否符合法律法规规定、是否科学合理等方面，直接或间接地提出意见和建议。

（7）职业健康权

对于从事接触职业病危害的作业的劳动者，用人单位除了应组织职业健康检查外，职业病防治法还规定了用人单位应为劳动者建立职业健康监护档案，并按照规定的期限妥善保存。对遭受或者可能会遭受急性职业病危害的劳动者，用人单位应及时组织救治，进行健康检查和医学观察，所需费用由用人单位承担。获得职业健康检查、职业病诊疗、康复等职业病防治服务，是劳动者依法享有的一项职业卫生保护权利。

当劳动者被疑患有职业病时，职业病防治法规定用人单位应及时安排对病人进行诊断，在病人诊断或者医学观察期间，不得解除或者终止与其订立的劳动合同。根据这个法律的规定，职业病病人依法享受国家规定的职业病待遇。用人单位应按照国家有关规定，安排病人进行治疗、康复和定期检查；对不适宜继续从事原工作的病人，应调离原岗位，并妥善安置；对从事接触职业病危害作业的劳动者，应给予适当岗位津贴。职业病病人的诊疗、康复费用，伤残以及丧失劳动能力职业病病人的社会保障，按照国家有关工伤社会保障的规定执行。

（8）损害赔偿权

用人单位应当建立、健全职业病防治责任制，加强对职业病防治的管理，提高职业病防治水平，对本单位产生的职业病危害承担责任，这是职业病防治法总则中的一项规定。这个法律规定，职业病病人除依法享有工伤社会保险外，依照有关民事法律，尚有获得赔偿权利的，有权向用人单位提出赔偿要求。

《职业病防治法》也对劳动者的相关义务作出了规定，如履行劳动合同、遵守职业病防治法律法规规定、遵守用人单位工农业卫生规章、接受职业卫生培训、按规定使用职业卫生防护设施及个人防护用品、遵守操作规程等义务。

3. 劳动者如何运用《职业病防治法》保护自己的健康权益?

(1) 劳动者要通过学习《职业病防治法》,明确自己所履行的义务;学习和掌握相关职业卫生知识;自觉遵守企业所制定的各项有关职业卫生管理制度和操作规程;自觉并正确地使用和维护职业病防护设备和个人防护用品;发现职业病危害隐患及时报告。

(2) 充分运用《职业病防治法》赋予劳动者所享有的职业卫生保护权利,包括享受教育培训权、健康服务权、知情权、卫生防护权、对用人单位提出批评和检举控告权、拒绝违章作业权、参与职业病防治工作决策权、工伤社会保险权、赔偿权及特殊保护权。

(3) 只要用人单位与劳动者存在着事实的雇佣关系,不管用人单位是什么性质,属于什么经济类型,是否与劳动者签订劳动合同,均可受到该法的保护。

4. 劳动者如怀疑自己得了职业病该怎么办?

(1) 劳动者应去哪进行职业病的诊断?

劳动者可以在用人单位所在地或者本人居住地,向有职业病诊断资质的医疗卫生机构申请职业病诊断。

(2) 申请职业病诊断,需具备哪些资料?

病人的职业史:现在和过去从事何种工作、接触何种职业有害因素,从事有害工作的时间(年、月)、每天接触的时间和量、生产场所防护设施等。

职业病危害接触史和现场危害调查与评价:生产环境劳动卫生条件、使用的原材料、助剂和生产的成品、半成品、劳动操作过程、操作方法、生产环境存在的有害因素监测结果等;临床表现以及辅助检查结果等；职业性健康体检资料等。

（3）职业病诊断所需资料由谁提供？

职业病诊断、鉴定需要用人单位提供有关职业卫生和健康监护等资料时，用人单位应当如实提供，劳动者和有关机构也应当提供与职业病诊断、鉴定有关的资料。

（4）对职业病诊断结果有异议时该怎么办？

当事人对职业病诊断有异议的，可以向做出诊断的医疗卫生机构所在地的市人民政府卫生行政部门（地级市）申请鉴定。对鉴定结论仍有异议的，可以向省人民政府卫生行政部门申请再鉴定。

第二章 侵权行为

第一节 侵权行为及其责任

考虑到农村生活的区域和环境较城市而言封闭一些，而侵权行为在城市发生的概率更大，一般也都是按照相应的法律、法规处理，因此、将该部分列于此处。

一、 饲养的动物致人损害的责任

《侵权责任法》第78条明确规定，饲养的动物致人损害的，饲养人或者管理人承担无过错责任。受害人挑动动物，对损害的发生具有故意或者重大过失的，可以减轻或者免除饲养人或者管理人的责任。

但《侵权责任法》规定了绝对无过错责任，指即使受害人挑动动物，对损害的发生具有故意或者重大过失，亦不能减轻或者免除饲养人或者管理人的责任。这种绝对无过错责任具体有两种：①违反管理规定，未对动物采取安全措施造成他人损害的，无免责事由。②饲养禁止饲养的烈性犬等危险动物致人损害的，无免责事由。

但动物园饲养的动物致人损害与个人饲养的动物致人损害不同。动物园承担过错推定责任，即动物园能证明自己对损害的发生没有过错的，不承担责任。

动物于遗弃、逃逸期间致人损害的，由原饲养人或者管理人承担无过错责任。若遗弃、逃逸的动物被他人收养，该动物致人损害的，由新的饲养人或者管理人承担责任，原饲养人不承担责任。

因第三人过错导致饲养的动物致人损害的，第三人与饲养人或者管理人承担不真正连带责任，第三人承担最终责任。饲养人或者管理人责任后，有权向第三人追偿。

二、 机动车道路交通事故责任

（一）一般赔偿办法

1. 具体赔偿方法

机动车道路交通事故责任的具体赔偿方法主要是由《道路交通安全法》第76条和《道路交通损害赔偿解释》第16－19条规定的。

首先，由承保交强险的保险公司在限额范围内支付保险金。

因下列三种原因造成第三人人身损害的，承保交强险的保险公司仍应在限额范围内向第三人支付保险金。保险公司支付保险金后，可向侵权人追偿（追偿的2年诉讼时效期间自保险公司实际赔偿之日起计算）：①驾驶人未取得驾驶资格或者未取得相应驾驶资格的；②醉酒、服用麻醉药品或者精神药品后驾驶机动车发生交通事故的；③驾驶人故意造成交通事故的。

机动车未投保第三人责任强制险的：①由投保义务人在交强险限额范围内予以赔偿；②投保义务人和侵权人不是同一人的，由投保义务人与侵权人在限额范围内承担连带赔偿责任。

其次，交强险的保险金不足以弥补受害人的损失的，按下列规则处理：

（1）机动车与机动车之间发生交通事故的，适用过错责任。由有过错的一方承担责任；双方均有过错的，各自承担与其过错相应的责任。

（2）机动车与行人、非机动车之间发生交通事故的，适用无过错责任。行人、非机动车故意碰撞机动车的，免除机动车一方的责任；行人、非机动车对损害的发生具有过失的，可以适当减轻机动车一方的责任；机动车能证明自己没有过错的，仅承担不超过10％的责任。

最后，发生道路交通事故的机动车同时投保了交强险和商业三者险的，发生交通事故后，若当事人同时起诉侵权人和保险公司的，按照下列规则确定赔偿责任：先由承保交强险的保险公司在责任限额范围内予以赔偿（交强险保险金不足以赔偿财产损害与精神损害时，赔偿权利人有权请求优先赔付精神损害赔偿）。不足部分，由承保商业三者险的保险公司按照保险合同予以赔偿。仍有不足的，按照《道交法》与《侵权法》确定的责任人赔偿。

2. 特殊赔偿

（1）出借、出租的机动车发生交通事故时，由承保交强险的保险公司支付保险金。不足部分，由借用人、承租人承担赔偿责任。若出借、出租人具有过错（如不告知对方机动车缺陷；知道或应当知道对方无驾驶责任；知道或者应当知道对方醉酒中、吸毒后或者患有不宜驾驶机动车的疾病）的，承担与其过错相应的责任（按份责任）。

（2）转让拼装、报废机动车辆后发生交通事故，不存在交强险保险金支付问题，这种车辆不可投保。应由转让人与受让人承担连带责任；多次转让的，由所有的转让人与受让人承担连带责任。

（3）机动车被盗抢后发生交通事故，承保交强险的保险公司有权拒绝支付保险金；若受害人欠缺抢救费用，受害人有权请求承保交强险的保险公司在限额范围内垫付抢救费用；保险公司垫付后有权向侵权人追偿。所有的责任由被盗、被抢机动车的运行利益享有者或者运行控制者承担责任。

（4）挂靠的机动车，由挂靠人与被挂靠人承担连带责任。套牌机动车，允许他人套牌的，由双方承担连带责任；擅自套牌的，由套牌者承担责任。接受机动车驾驶培训的人员，在培训活动中驾驶机动车发生交通事故的，由驾驶培训单位承担赔偿责任。在4S店试乘过程中造成试乘人员损害的，由提供试乘服务者承担责任；试乘人有过错的，应当减轻提供试乘服务者的责任。

三、工伤责任

（一）应当参加工伤保险统筹的雇员遭受工伤

因用人单位以外的第三人遭受工伤的，受害人可获得双重救济：请求第三人承担侵权责任；同时请求义务人支付工伤保险金。

非因第三人遭受工伤的，只能请求义务人支付工伤保险金，不能对用人单位提起侵权之诉。

（二）不属于应当参加工伤保险统筹的雇员因从事雇佣遭受人身损害

因用人单位以外的第三人遭受人身损害，用人单位与第三人承担不真正连带责任。用人单位承担责任后，可全额向第三人追偿。

非因第三人遭受人身损害，用人单位（雇主）承担无过错侵权责任。因安全生产事故遭受人身损害，发包人、分包人知道或者应当知道接受发包或者分包业务的雇主没有相应资质或者安全生产条件的，应当与雇主承担连带责。

第二节　生活中常见但容易忽略的侵权行为

（一）特价商品不予退换

根据《消法》，特价商品、打折商品、赠品也必须实行三包（包退、包换、保修）。如果商家拒绝执行三包规定，可向各级工商和消协部门投诉。

（二）商家虚标价码

商家虚高标注吊牌价，然后再低折扣销售，这种虚假折扣已涉嫌价格欺诈。消费者遇到这种情况可以向工商部门举报，或将商家告上法院。同时，消费者不要盲目抢购打折商品，应理性购物。

（三）宾馆中午 12 点退房

宾馆以天为计价单位，消费者的通常理解是一天为 24 小时的概念，没住够 24 小时而须 12 点结账，侵害了消费者的公平交易权。

（四）商品一过保修期就坏

只要在产品合理的使用期内，明示使用寿命，商家应该保证在这段时间内产品不出问题。《产品质量法》规定一般不低于 10 年。现在不少产品刚过“三包”期就大量出问题，那就是产品本身固有的缺陷造成的，理所应当由商家承担责任。

（五）导游带游客购物吃回扣

消费者在选择旅游产品时，不要盲目追求低价旅游，避免落入“零接待费”、“负接待费”陷阱。旅游购物要主动索要有效票证，选购贵重物品时要理智、谨慎。

（六）特价机票不退不改签

特价机票如被消费者退票，航空公司还可继续销售，并不一定会承担全部机票价格的损失。特价机票不退票的潜规则侵犯了消费者享有的“公平交易权”。

（七）快件丢失不予以赔偿

快递公司凭借单方面制定的霸王条款，拒绝对消费者合理赔偿，让消费者遭受重大损失。根据《合同法》的规定，如果快递公司作为承运人未尽妥善保管货物的义务，对货物的丢失明显存在过错，理应根据实际损失对丢失快递物品予以赔偿。

（八）超市购物受伤获赔

根据《消法》有关规定，消费者在购买、使用商品和接受服务时享有人身、财产安全不受损害的权利。消费者有权要求经营者提供的商品和服务，符合保障人身、财产安全的要求。经营者应当保证其提供的商品或者服务符合保障人身、财产安全的要求。

（九）维修无限延期

消法规定，保修期内的商品，经营者应当在 30—90 天内给予修好。一般来说，经营者要在 30 内天修复，如果 30 天内不能修复的，经营者应该尽量给消费者提供一个备机。如果商品在保修期内修了 90 天还没修好，消费者可以要求退货或换货。

（十）商品质量问题

消费者在购买、使用商品时，其合法权益受到损害的，可以向销售者要求赔偿。销售者赔偿后，属于生产者的责任或者属于向消费者提供商品的其他销售者的责任的，销售者有权向生产者或者其他销售者追偿。经营者不得以格式合同、通知、声明、店堂告示等方式作出对消费者不公平、不合理的规定，或者减轻、免除其损害消费者合法权益应当承担的民事责任。

第三章　法律救济

第一节　法律救济的途径

一、法律救济

法律救济是指公民、法人或者其他组织认为自己的人身权、财产权因行政机关的行政行为或者其他单位和个人的行为而受到侵害，依照法律规定向有权受理的国家机关告诉并要求解决，予以补救，有关国家机关受理并作出具有法律效力的活动。

二、救济的方式

针对不同性质、不同种类的行为，采取的救济方式是不一样的，按照救济的方式而言，法律救济可以分为司法救济和非司法救济。这里以劳动纠纷为例，展现一下法律救济的情形。

(一) 非司法救济途径

1. 劳动争议的调解

调解是劳动争议解决的一种方式。与仲裁相比，调解更加随意。

调解组织。调解组织是作为第三方介入劳动者与用人单位，帮助他们达成协议的组织。根据《劳动仲裁法》，调解组织有企业劳动争议调解委员会、依法设立的基层人民调解组织以及在乡镇、街道设立的具有劳动争议调解职能的组织。

调解申请。调解申请可以口头作出也可以书面作出，口头申请的，调解组织应当当场记录申请人基本情况、申请调解的争议事项、理由和时间。

调解协议。调解协议是劳动者与用人单位在调解下自愿作出的具有法律约束力的协议。其具有强制约束力。达成调解协议后，一方当事人在协议约定期限内不履行调解协议的，另一方当事人可以依法申请仲裁。同时，如果调解协议是因支付拖欠劳动报酬、工伤医疗费、经济补偿或者赔偿金事项而达成的，用人单位在协议约定期限内不履行时，劳动者可以持调解协议书依法向人民法院申请支付令。

2. 劳动争议的仲裁

仲裁是劳动争议解决的另一种方式。我国对属于《劳动仲裁法》范围内的劳动争议案件认定为需要仲裁前置的案件，即该类案件需要经过仲裁裁决之后才可以向法院提起诉讼。劳动仲裁的程序与普通的诉讼程序有很大的相似，因此下文主要介绍不相似的地方。

仲裁提起的时效。《劳动仲裁法》第 27 条规定，劳动争议申请仲裁的时效期间为一年。仲裁时效期间从当事人知道或者应当知道其权利被侵害之日起计算。劳动关系存续期间因拖欠劳动报酬发生争议的，劳动者申请仲裁不受本条第一款规定的仲裁时效期间的限制；但是，劳动关系终止的，应当自劳动关系终止之日起一年内提出。

举证责任。劳动争议案件，因为劳动者与用人单位实力相差悬殊，因此并不完全严格适用“谁主张，谁举证”的制度。《劳动仲裁法》第 39 条第 2 款规定，劳动者无法提供由用人单位掌握管理的与仲裁请求有关的证据，仲裁庭可以要求用人单位在指定期限内提供。用人单位在指定期限内不提供的，应当承担不利后果。

终局裁决。终局裁决的裁决书自作出之日起发生法律效力。仅在劳动者不服的情况下，劳动者可以向人民法院提起诉讼。终局裁决的适用情形为：（1）追索劳动报酬、工伤医疗费、经济补偿或者赔偿金，不超过当地月最低工资标准十二个月金额的争议；（2）因执行国家的劳动标准在工作时间、休息休假、社会保险等方面发生的争议。

3. 劳动争议的调解

调解是指劳动关系争议当事人自愿申请，由企业调解委员会在查明事实、分清责任的基础上，对争议双方进行说服教育，促使其互谅互让，达成协议，从而解决争议。调解一般是处理劳动争议的第一个程序，但必须以当事人双方自愿申请为前提，双方当事人可以在调解和仲裁这两种方式中自由选择，或者调解，或者仲裁，也可以经过调解，再申请仲裁。调解委员会在调解中同样要遵照自愿原则，即当事人双方都自愿接受调解，并自愿达成和履行协议，调解委员会不得强迫。

（二）司法救济途径

1. 民事诉讼

当事人不服劳动争议仲裁庭委员会的仲裁，可以向人民法院提起诉讼，由人民法院依法对争议进行审理并作出裁决，从而解决劳动争议。人民法院的审理是我国处理劳动争议的最终程序。人民法院对劳动争议的审理，则必须以当事人不服劳动争议仲裁委员会仲裁为前提，即当事人在劳动争议发生后不能直接向人民法院提起诉讼，只有先经过仲裁程序，对仲裁不服的，才能进入诉讼程序，根据最高人民法院的规定，劳动争议案件由民事审判依据《民事诉讼法》规定的程序审理，实行两审终审制。

2. 行政诉讼

劳动行政诉讼是行政诉讼中的一种。劳动行政诉讼，是指公民、法人或者其他组织以为劳动行政机关的具体行政行为侵犯了其合法权益，按照《行政诉讼法》和有关劳动法律、法规向人民法院提起诉讼，由人民法院进行审理并作出裁决的活动。就农民群体而言，一般作为原告的情形是关于申请保护人身和财产权的争议，通常是申请劳动行政机关履行保护人身健康权、劳动安全权、劳动保险权的法定职责，劳动行政机关拒绝或不予答复的，当事人可以以劳动行政机为被告关向人民法院提起行政诉讼。具体的起诉法院，依照《行政诉讼法》的规定。

3. 刑事诉讼

《劳动法》第80条，用人单位直接涉及劳动者切身利益的规章制度违反法律、法规规定的，由劳动行政部门责令改正，给予警告。承担刑事责任，如《劳动合同法》第93条，用人单位强令劳动者违章冒险作业，发生重大伤亡事故，造成严重后果的，对责任人员依法追究刑事责任。《刑法》中也有规定：以转移财产、逃匿等方法逃避支付劳动者的劳动报酬或者有能力支付而不支付劳动者的劳动报酬，数额较大，经政府有关部门责令支付仍不支付的，处三年以下有期徒刑或者拘役，并处或者单处罚金；造成严重后果的，处三年以上七年以下有期徒刑，并处罚金。单位犯前款罪的，对单位判处罚金，并对其直接负责的主管人员和其他直接责任人员，依照前款的规定处罚。有前两款行为，尚未造成严重后果，在提起公诉前支付劳动者的劳动报酬，并依法承担相应赔偿责任的，可以减轻或者免除处罚。在劳动关系中，如遇到此类情形，可以依靠刑事诉讼的途径保护自己的权益。

第二节 寻求法律援助

一、法律援助

法律援助是指在国家设立的法律援助机构的组织、指导和统一协调下，律师、公证员、基层法律工作者等法律服务人员，为经济困难或特殊案件的当事人给予减免收费等法律帮助，以保障实现其合法权益、完善国家司法公正、健全人权及社会保障机制的一种法律制度。

根据《法律援助条例》规定，直辖市、设区的市或者县级人民政府司法行政部门根据需要确定本行政区域的法律援助机构。法律援助机构负责受理、审查法律援助申请，指派或者安排人员为符合本条例规定的公民提供法律援助。

律师应当依照《律师法》和本条例的规定履行法律援助义务，为受援人提供符合标准的法律服务，依法维护受援人的合法权益。接受律师协会和司法行政部门的监督。国家支持和鼓励社会团体、事业单位等社会组织利用自身资源为经济困难的公民提供法律援助。

符合法律援助的我国公民请求国家赔偿的，向赔偿义务机关所在地的法律援助机构提出申请；请求给予社会保险待遇、最低生活保障待遇或者请求发给抚恤金、救济金的，向提供社会保险待遇、最低生活保障待遇或者发给抚恤金、救济金的义务机关所在地的法律援助机构提出申请；请求给付赡养费、抚养费、扶养费的，向给付赡养费、抚养费、扶养费的义务人住所地的法律援助机构提出申请；请求支付劳动报酬的，向支付劳动报酬的义务人住所地的法律援助机构提出申请；主张因见义勇为行为产生的民事权益的，向被请求人住所地的法律援助机构提出申请。法律援助机构可以指派律师事务所安排律师或者安排本机构的工作人员办理法律援助案件，也可以根据其他社会组织的要求，安排其所属人员办理法律援助案件。

二、　可以申请法律援助的事项

（一）公民对下列需要代理的事项，因经济困难没有委托代理人的，可以向法律援助机构申请法律援助：1. 请求国家赔偿；2. 请求给予社会保险待遇或者最低生活保障待遇；3. 请求发给抚恤金、救济金；4. 请求给付赡养费、抚养费；5. 请求支付劳动报酬；6. 主张因见义勇为行为产生的民事权益。

（二）刑事诉讼中有下列情形之一的，公民可以向法律援助机构申请法律援助：1. 犯罪嫌疑人在被侦查机关第一次询问后或者采取强制措施之日起．因经济困难没有聘请律师的；2. 公诉案件中的被害人及其法定代理人或者近亲属，自案件移送审查起诉之日起，因经济困难没有委托诉讼代理人的；3. 自诉案件的自诉人及其法定代理人，自案件被人民法院受理之日起，因经济困难没有委托诉讼代理人的；4. 公诉人出庭公诉的案件，被告人因经济困难或者其他原因没有委托辩护人，人民法院为被告人指定辩护时，法律援助机构应当提供法律援助；5. 被告人是盲、聋、哑人或者未成年人而没有委托辩护人的，或者被告人可能被判处死刑而没有委托辩护人的，人民法院为被告人指定辩护时，法律援助机构应当提供法律援助，无须对被告人进行经济状况的审查。

法律援助制度是保护农民工合法权益的重要途径。

结 语

本教材的编写是针对农民群体的，在编写的过程中既要坚持宣传党和国家的方针、政策，又要以国家制定的法律法规为文本，还要考虑到农民群体的特点及需要。在内容上，笔者尽量从农民的现实需要出发进行编排，但囿于学识有限、篇幅限制，所列出的法律法规内容较少，许多笔者认为较为重要的内容不能呈现出来，不知是否真的满足了农民朋友的需求。但本教材如能对大家有些许帮助，则笔者深感欣慰。更多的法律知识，需要农民朋友多关注国家的相关法律法规，关注国家的政策。

法律源于生活也必将应用于生活，真正要想成为一个懂法律、用法律的人，需要在日常的生活中对法律用心，对自己的权利用心，更要做一个对生活用心的人。